독일어 화용개요

여종문 지음

KURZDARSTELLUNG DES DEUTSCHEN SPRACHGEBRAUCHS

신아사

머리말

독일어 배우기를 늦게 시작한 독자에게는 독서주기가 빠른 반복학습을 바탕으로 독일어를 입말 의사소통도구로 사용할 수 있도록 언어 사용자 관점에서 구성했다.

독일어에는 어떤 입말 소리들이 사용되고, 이런 소리들이 글말 문자와 어떻게 연계되어 음절을 이루는지를 보여준다. 특히, 여러 음절로 연결된 독일어 낱말의 발화리듬과 음보형성은 물론 이들의 조합이 의사소통과정에서 어떻게 작용하는지를 설명한다. 독일어 낱말 뭉치나 문장 구조가 어떤 용도로 사용·응용되는지를 이해하고 관찰할 수 있도록 의사소통도구 사용자 관점에서 보여준다. 독자가 의사소통상황에서 자신의 의사를 효율적 또는 효과적으로 표현하기 위해 어떤 독일어 구성형태를 사용해야 하는지를 명확하게 할 것이다.

독일어를 좀 더 깊게 연구하고 싶은 독자에게는 짧은 시간 안에 학교문법을 넘어 독일어 관찰과 연구에 필요한 능력과 연구관점을 형성할 수 있도록 구성했다.

의사소통 상대자들이 사용하는 표현단위의 구성형태와 표현단위에 내재된 문법형태를 어떻게 관찰·파악하고 이해해야 하는지를 설명하는 언어연구이론을 제시한다. 예를 들어 독일어를 우리말 또는 다른 언어와 비교하면서 관찰하는 객관적 언어비교파악능력 그리고 독일어를 배우는 과정에서 나타나는 심리·언어적인 학습저해요소를 관찰·요약하는 능력 등을 짧은 시간 안에 배양될 수 있도록 했다. 특히 언어현상을 관찰·정리하고 분석·제시할 수 있는 능력은 인공지능을 이용한 자동번역 및 기계통역을 통해서는 이룰 수 없는 비대칭 언어화용현상을 교정하는 능력으로 발전할 것이다.

상대적으로 적은 량의 독일어 화용정보지만 짧은 주기 반복독서를 통해 한편으로는 독자가 사용하는 독일어 변이형태를 스스로 개선하는 능력은 물론 효율·성공적인 의사소통을 위한 표현단위 활용에 자신감을 가질 수 있도록 실제사용언어의 화용개념을 중심으로 잠재적인 반복구성을 했고, 다른 한편으로는 독일어를 다양한 연구관점에서 이해하고 관찰할 수 있도록 여러 문헌을 참고하여 구성했다.

이 '독일어 화용개요'는 독자를 언어사용자 그리고 언어연구자로서 독일어를 사용하는 사람들과 토의하고 소통할 수 있도록 이끌 것이다. 의견 조율을 위해 독일어로 논의하고, 의견을 공유하기 위해 독일어로 소통하는 인생의 또 다른 즐거움이 독자와 함께하기를 기원해 본다.

2019. 11. 30.

여종문

목 차

독일어 화용개요

KURZDARSTELLUNG DES DEUTSCHEN SPRACHGEBRAUCHS

1. [소리]

1.1 독일어 [소리]

우리는 다른 언어에서도 사용하는 대부분의 [소리]들을 독일어에서도 사용한다. 다른 언어에서도 비슷하게 사용하는 [소리]라 할지라도, 이런 [소리]들을 '조음 위치'와 '조음 기관' 그리고 '조음 방법'을 통해 독일어 소리와 구분한다.[1] 또한 다른 언어에서는 사용하지 않고 오직 독일어에서만 사용하는 [소리]들도 존재한다.

표준 독일어에 나타나는 [소리]들을 변형유형을 포함하는 /음소기호/로 표기하면 다음과 같다.[2]

/ a, ɑ, ɐ, aɪ, aʊ, b, p, ç, x, d, e, ɛ, ə, f, ʋ, g, k, h, ɪ, i, j, l, m, n, ŋ, o, ɔ, ø, œ, ɔɪ, pf, r, s, z, ʃ, t, ʧ, u, ʊ, y, ʏ, ʦ /

1.2 독일어 [소리] 분류

독일어에 나타나는 [소리] 중에서 구강을 통과하는 기류가 조음

1) 독일어 조음위치와 조음기관 및 조음방법에 대해서는 여종문(2012), 11-91쪽과 (2013), 13-73쪽 참고.

2) Duden 4 (2016^9): Die Grammatik, 34-37쪽 참고.

위치와 조음기관의 방해를 받지 않거나 미약한 방해만을 받는 조음방법에 의해 생성되는 [소리]를 공명음[Sonorant]이라 한다. 반면에 구강통과기류가 조음위치와 조음기관의 강한 방해를 받으면서 생성되는 [소리]를 장애음[Obstruent]이라 한다.

• **장애음**[Obstruent] : '차단 / 폐쇄'의 조음방법을 통해 생성된 (폐쇄)파열음[Plosiv], '좁히기' 조음방법으로 생성된 마찰음[Frikativ]

• **공명음**[Sonorant] : '비강과 구강의 열기와 닫기'의 조음방법에 따른 모음[Vokal], 비음[Nasal], 측음[Lateral]

<table>
<tr><th colspan="3">소리</th><th>예시</th></tr>
<tr><td rowspan="3">공명음</td><td>구강공명음</td><td>[모음]</td><td>[ɑ], [e], [i], [o], [u], [ɛ], [ø], [y]</td></tr>
<tr><td>비(강공명)음</td><td rowspan="5">[자음]</td><td>[m], [n], [ŋ]</td></tr>
<tr><td>(설)측음</td><td>[l]</td></tr>
<tr><td rowspan="3">장애음</td><td>마찰음</td><td>[f], [v], [s], [z]</td></tr>
<tr><td>파열음</td><td>[p], [b], [t], [d], [k], [g]</td></tr>
<tr><td>파찰음</td><td>[pf], [tʃ], [ts]</td></tr>
</table>

2. 〈표기문자〉

2.1 독일어 표기 〈문자〉

독일어에 나타나는 [소리]들을 표시하기 위해 사용하는 독일어 〈문자〉는 로마 〈문자〉와 〈A, a〉, 〈O, o〉, 〈U, u〉에 변모음을 표시하는 움라우트[Umlaut] “ ¨ ”를 첨가한 〈Ä ä〉, 〈Ö ö〉, 〈Ü ü〉 그리고 그리스 문자에서 차용한 〈ß[estset]〉를 사용한다. 최근에는 〈ß〉의 사용을 〈ss〉로 대신하는 경향을 보인다.[3)]

〈 A a, B b, C c, D d, E e, F f, G g, H h, I i, J j, K k, L l, M m, N n, O o, P p, Q q, R r, S s, T t, U u, V v, W w, X x, Y y, Z z 〉,

〈Ä ä, Ö ö, Ü ü〉,

〈ß〉

2.2 독일어 〈문자〉 분류

독일어 [소리]를 구분하고, 이를 표시하는 〈문자〉와의 연계를 찾아내는 능력은 독일어를 가장 작은 구성단위로 분류할 수 있음을 의

3) Zifonun et. al. (1996): IDS Grammatik der deutschen Sprache, 257쪽 참고. 언어마다 다른 문자와 음가와의 관련성, 즉 어떤 문자가 어떻게 발음되는지에 대한 것은 ‘국제음성/발음기호’(IPA, 1938)와 ‘변별음성부호’를 통해 설명됨.

미한다. 이는 [소리]와 〈문자〉가 공유하는 요소들을 찾아내는 능력으로 서로 다른 [소리]와 〈문자〉를 상호 교체할 수 있는 언어능력, 즉 [읽고] 〈쓰는〉 그리고 〈쓰고〉 [읽는] 능력을 의미한다.[4)]

예를 들어 우리는 독일어 글말 〈Tasse〉가 독일어 개별문자 〈T〉, 〈a〉, 〈s〉, 〈s〉, 〈e〉로 구성되었음을 인지한다. 이를 바탕으로 우리는 독일어 입말[소리] [t], [a], [s], [ə/e]와의 연관성을 설정한다. 사용될 수 있는 [소리]와 사용되는 〈문자〉간의 구분능력과 연계능력은 글말〈문자〉와 입말[소리] 〈T, t〉와 [t], 〈A, a〉와 [a], 〈S, s〉와 [s] 그리고 〈E, e〉와 [ə]의 차례연계조합인 글말〈Tasse〉를 입말[tasə]로 [발음]하고, 이들 각각을 의미 '찻잔'과 연결된 '의미단위'인 '낱말'로 인식한다. 이렇게 언어구성단위인 〈문자〉 또는 [소리]가 연계를 통해 다른 단위 생성을 위해 이어진 것을 우리는 〈Syntagma[연립체/통사체]〉라 하고, 이렇게 이어지는 관계를 붙임관계[syntaktische Beziehung]라 한다.[5)]

이런 과정을 통해 글말문자인 〈Tasse 찻잔〉를 독일어 입말소리 [tasə]로 전환해서 [발음]하는 능력을 얻게 되는데, 우리는 이를 [읽

4) 독일어 문자표기는 지역과 사회계층 그리고 교육정도에 따른 표기차이가 존재해 왔다(Maas, 1992: 2-11). 이는 아직도 독일어 정서법 제정과 조정논의를 통해 일원화되어가는 과정임. http// www.rechtschreibrat.com 및 Duden 1 (2017[27])을 참고.

5) 독일어를 사용할 때의 우리 최대 관심사는 우리가 의사전달을 위해 [발화한 내용]을 대화상대가 '의미'로 이해하는지의 여부이다. 우리가 '독일어 입말'에서 사용하는 [소리]가 독일어를 사용하는 사람들의 귀에 '의미' 없는 단순한 [소리]가 아니라, 화자인 우리가 '의미한 것과 동일한 의미'를 포함하는 사회화된 [입말 구성단위]와 〈[소리]낱말〉로 해석되는 것을 반복적으로 확인하면서야 비로소 [독일어 입말소리]에 대한 자신감이 형성된다. '입말을 구성하는 [소리]단위'에 대한 자신감은 '조음위치'와 '조음기관' 그리고 '조음방법' 간의 연관성에 대한 지식과 자신이 발화한 [소리]에 대한 확신이 있을 때만 향상된다.

는 능력]으로 이해한다. 반대로 입말소리 [tasə 찻잔]를 그 의미인 '찻잔'과 연동해서 독일어 글말낱말로 이해하고, 이를 새로운 언어사용 환경에서 〈Tasse 찻잔〉으로, 즉 글말낱말로 전환하는 능력을 〈쓰는 능력〉으로 이해한다.[6]

독일어 글말 〈Tasse〉의 구성요소인 첫 머리 〈문자〉 〈T〉는 [입말소리] [t]와 대응관계, 즉 〈T, t〉-[t] 상관성을 갖는다. 이 〈Tasse〉환경에서 〈문자〉-[소리]관계를 표시하는 〈T, t〉-[t] 대신에 〈G, g〉-[g], 〈M, m〉-[m], 〈K, k〉-[k], 〈R, r〉-[r/ʁ/R]과 같은 구성요소가 교체되면 다음과 같이 다른 '의미'를 가진 〈Syntagma[연립체/통사체]〉들이 형성되는 것을 확인할 수 있다.

	〈문자〉-[소리]	〈글말〉-[입말]	'의미'
〈**T**asse〉	〈**t**〉-[**t**]	〈**T**asse〉-[**t**asə]	'찻잔'
〈**G**asse〉	〈g〉-[g]	〈**G**asse〉-[**g**asə]	'골목'
〈**M**asse〉	〈m〉-[m]	〈**M**asse〉-[**m**asə]	'물량'
〈**K**asse〉	〈k〉-[k]	〈**K**asse〉-[**k**asə]	'계산대'
〈**R**asse〉	〈r〉-[r]	〈**R**asse〉-[**r**asə]	'품종'

6) 발음기호[IPA]는 [ ] 안에, 독일어 〈문자〉는 〈 〉 안에, 즉 철자[Alphabet]와 우리말로 표시된 의미[Bedeutung]는 [ ]와 〈 〉 안에 함께 표기한다. [읽는] 능력과 〈쓰는〉 능력을 향상시키는 과정에서 독일어 [소리]생성에 대한 소홀함, 특히 혀와 접촉하여 소리를 생성하는 구강기관으로 표시되는 '조음위치'와 '조음기관' 그리고 [소리]생성을 위한 공기흐름을 통해 명칭이 정해지는 '조음방법'에 대한 인지결여는 [입말언어]생성능력을 무의미하게 만드는 결과로 나타날 수 있기 때문에 유의해서 연습해야 한다. 한국인의 [읽기]-/말하기/-〈쓰기〉능력의 연관관계는 Yeo, Jong-Moon (2005)을 참고.

이렇게 최소한의 조건변화를 통해 '다른 의미'를 갖는 낱말을 생성할 수 있는데, 이런 동일한 환경에 나타나서 '의미변화요인'이 되는 〈문자〉와 [소리]들을 '치환/갈음관계'에 있다고 한다. 즉 〈독일어 문자〉 〈T〉 : 〈G〉 : 〈M〉 : 〈K〉 : 〈R〉와 [독일어 소리]인 [t] : [g] : [m] : [k] : [r]는 〈T〉, 〈a〉, 〈s〉, 〈s〉, 〈e〉 가 순차적으로 이어져 있는 붙임환경에서 치환을 통해 '의미가 다른 새로운 낱말'을 만드는 '치환/갈음관계'에 있다.[7] 이런 치환을 통해 새로운 낱말을 생성하는 관계에 있는 '낱말 쌍'을 최소쌍[minimalpaar]이라 한다. 이런 관계를 다음과 같이 요약할 수 있다.

---

7) '붙임관계'와 '갈음/치환관계'는 언어분석을 위한 기본개념이다. '붙임관계'는 [입말]에서는 시간의 연속[Zeitfolge] 또는 시간관계[Zeitrelation] 안에서, 〈글말〉에서는 좌에서 우로 이어지는 공간개념[Raumrelation] 안에서 형성된다. '붙임관계'는 주로 문장술어에 의해 규정되는 경향을 보인다. '갈음/치환관계' 개념은 언어구조를 이루는 한 위치에서 서로 선택되거나 교환될 수 있는 낱말/요소들의 관계를 의미한다. 그리스어에서 유래한 〈Syntagma〉는 함께 조합된 것을 의미한다. 즉, 〈Syntagma〉는 사회화-일반화된 연결규칙을 내포하고 서로 연결되는 요소들이 서로 올바른 의사소통을 위해 문법적으로 연결되는 관계를 의미한다. 〈Paradigma〉는 사회화-일반화된 연결규칙(문법)을 내포하는 〈Syntagma〉를 기저로 그 구성요소들 중에서 한 요소를 다른 요소로 대치하면서 보여줄 수 있는 또 다른 사회화-일반화된 갈음/치환규칙을 의미한다. 따라서 '갈음/치환관계'는 치환되는 요소가 '붙임관계'의 규범에 벗어나지 않고 또 논리적 의미와 상충되지 않을 경우에만 성립된다. 우리의 관점에서 이해하면, 독일어에 나타나는 한 종류의 '붙임관계'를 이해하면, 이 범주 안에서 여러 구성요소들의 '치환관계'를 시험해볼 수 있다. 이런 시험은 의사소통 구성요소인, 낱말과 낱말뭉치 및 문장요소/문장구성성분들의 의미범주와 기능범주를 이해하고, 이를 바탕으로 또 다른 범주 예를 들어 문장을 확대해서 이해할 수 있는 기반이 된다. 이는 의사소통능력 확대와 언어화용을 위한 확신으로 이어진다. Duden 4 (2016[9]), 129-134쪽 참고.

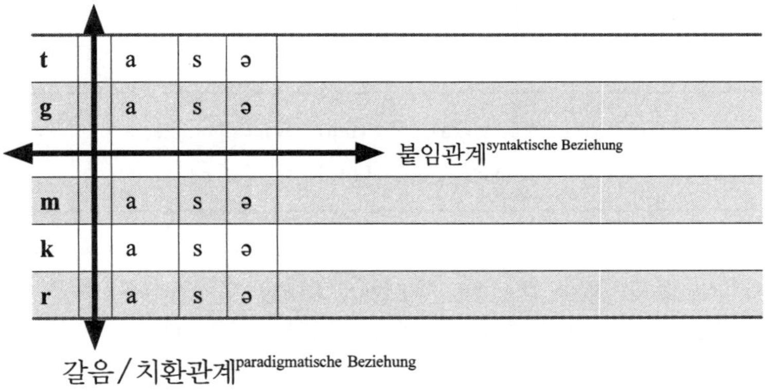

이들 간의 '치환/갈음'은 '새로운 낱말'로 표현되는 새로운 〈문자〉 낱말/[소리]낱말인 [tasə], [gasə], [masə], [kasə], [rasə] 등을 생성한다.

독일어 발화 및 화용의 첫 걸음은 〈문자〉와 [소리]의 관계를 이해하고, 〈발음기호IPA로 표시된 문자〉를 정확하게 '[독일어 소리]로 전환할 수 있는 능력'을 기반으로 한다. 이런 능력은 독일어 [소리]의 '조음위치'와 '조음기관' 그리고 '조음방법'과 [소리]들 사이에 존재하는 연관성에 대한 학습과 연습을 근간으로 배양된다.

이를 위한 기초는 독일어 〈문자〉의 그 '명칭'과 명칭에 나타난 [국제발음기호Internationales Phonetisches Alphabet: IPA]간의 연관성의 이해이다.[8] 이들

8) 독일어의 대문자와 소문자는 같은 음가를 갖는다. 대문자는 일반적으로 독일어 〈글말〉에서 ① 문장의 시작을 표시 할 때, 즉 문장의 첫 문자 그리고 쌍점(:) 또는 인용부호("") 다음에 오는 문장의 첫 문자의 경우, ② 낱말이 명사임을 표시할 때, 즉 (고유)명사의 첫 문자와 명사화된 형용사/부사 등의 첫 문자, ③ 존칭 표현 인칭대명사와 소유대명사의 첫 문자 등에 사용한다. 만화와 텍스트 강조 등과 같은 경우에도 사용한다.

을 연계시키면 다음과 같다.

A a (a), H h (ha), K k / c (ka), V v (fau), Ä ä (a-Umlaut)
[a/ɑ], [h], [k], [f], [æ, ε]

E e (e), C c (tse), D d (de), G g (ge), T t (te), Z z (tset),
[e], [ʦ/t^{s}], [d], [g], [t], [ʦ/t^{s}]

B b (be), P p (pe), W w (ve)
[b], [p], [v],

F f (ef), L l (el), M m (em), N n (en), R r (er), S s (es)
[f], [l], [m], [n], [ɐ/r/ʀ], [s, z]

I i (i), X x (iks)
[i], [ks]

O o (o), J j (jot), Ö ö(o-Umlaut)
[o], [j], [ø]

U u (u), Q q(qu), Ü ü(u-Umlaut)
[u], [k], [y]

Y y (ypsilon), ß (est^{s}et)
[j, i], [s]

3. 독일어 [읽기]

'독일어를 읽는다.'는 것은 '독일어 〈문자〉음절을 [소리]음절로 전환할 수 있는' 능력을 의미한다.[9] 이 과정에는 ① 읽어야 할 낱말을 〈문자〉음절로 구분·파악하고, ② 이를 독일어 [소리]로 [조음]하고, ③ 〈문자〉-(의미)-[소리]간의 관련성 생성이 포함된다.

3.1 [소리]와 표기〈문자〉

• **단순모음**[Vokal] : 독일어에는 [ɑ], [e], [i], [o], [u], [ɛ], [ø], [y]와 같은 단순모음이 사용된다. 이들을 표기하는 문자는 〈a, e, i, o, u, ä, ö, ü〉 등이다. 이들은 일반적으로 일대일대응관계를 갖는 것처럼 보인다.[10]

모음	[ɑ]	[e]	[i]	[o]	[u]	[ɛ/æ]	[ø]	[y]
문자	〈a〉	〈e〉	〈i〉	〈o〉	〈u〉	〈ä〉	〈ö〉	〈ü〉

• **변모음**[Umlaut]: 독일어 모음 [ɛ/æ], [∅], [y]는 문자 〈ä, ö, ü〉로

9) 여기에서 우리는 글말〈낱말〉의 음절경계는 이음선[Bindestrich](-)으로, 입말[소리]에서의 음절경계는 예를 들어 〈En-de〉-[ˀɛn.de]에서와 같이 마침표[Punkt](.)로 표시한다.

10) 읽기를 통해 〈문자〉와 [소리] 간의 관계이해정도를 파악할 수 있다. 이에 관한 미숙으로 인한 학습저해요인에 대해서는 Yeo Jong-Moon (2005), 12-17쪽 참고.

표기되는데, 이는 모음 [ɑ, o, u]-⟨a, o, u⟩를 변화시켜 만든 모음이라 하여 변모음이라 한다.[11] 변모음은 낱말 '의미'를 변화시키는 의미변환 요인[Bedeutungsänderungsfaktor]으로도 작용한다.

모음	문자		변모음	문자	예시
[ɑ]	⟨a⟩		[ɛ/æ]	⟨ä⟩	^{e}Hand(손) ⇨ Hände(손들)
[o]	⟨o⟩	⇨	[ø]	⟨ö⟩	hoch(높은) ⇨ höher(더 높은)
[u]	⟨u⟩		[y]	⟨ü⟩	^{s}Buch(책) ⇨ Bücher(책들)

• **복모음**[Diphthong] : 개별모음이 합해진 모음소리를 복(합)모음이라 한다. 독일어에서 소리 [aɪ]는 문자 ⟨ai, ei, ay, ey⟩로, [ɔɪ]는 문자 ⟨oi, eu, äu⟩로 그리고 모음소리 [aʊ]는 ⟨au⟩ 그리고 장모음 소리인 [i:/ɪ:]는 문자 ⟨ie, ieh⟩ 등으로 표시/시각화된다.[12]

---

11) 변모음은 모음인 [ɑ, e, i, o, u]-⟨a, e, i, o, u⟩ 중에서 원래 전설모음인 [e]와 [i]를 제외한 [ɑ, o, u]가 혀의 앞(전설)에서 발음되는 [소리]인 [ɑ]→[ɛ/æ], [o]→[ø], [u]→[y]로 변환되는 언어음으로 이해된다. 문자표기도 ⟨ä, ö, ü⟩와 같은 표기가 불가능할 경우 아래와 같이 변모음을 표시한다.

⟨ä ⇒ a+e⟩, ⟨ö ⇒ o+e⟩, ⟨ü ⇒ u+e⟩

이런 변모음들은 우리말의 ⟨애호박⟩의 ⟨애⟩, ⟨외가⟩의 ⟨외⟩ 및 ⟨위장⟩의 ⟨위⟩ 등에 나타나는 ⟨ㅐ, ㅚ, ㅟ⟩와 비슷한 소리들로 우리말에서는 복모음이지만 독일어에서는 단모음이다. 따라서 이들은 우리말에서와는 달리 입술모양이 움직이지 않고 [발음]된다.

12) 독일어에서는 관련된 ⟨문자⟩와 [소리]간의 관계가 비교적 투명한 일대일 관계를 유지하는 경향을 보이지만, 예를 들어 하나의 [복모음]이 여러 ⟨문자⟩조합과 관련된다는 점에서 꼭 그렇지만은 않다고 이해할 수 있다.

복모음	문자	예시
[aɪ]	〈ai, ei, ay, ey〉	〈ᶠMai 5월〉, 〈ˢFeier 축제〉, 〈Mayer〉, 〈Meyer〉
[aʊ]	〈au〉	〈ˢHaus 집〉
[ɔɪ]	〈eu, äu, oi,〉	〈neun 9〉, 〈häufen 쌓아올리다〉, 〈toi,toi,toi!〉
[iː]	〈ie, ieh〉	〈viel 많은〉, 〈ˢVieh 가축〉

3.2 표기〈문자〉와 [소리]내기

• **〈문자〉표기와 [장:모음]-[단모음]** : 독일어 소리낱말에서 모음의 장-단은 낱말의미를 변화시키는 요인, 즉 낱말을 구분하는 의미요소로 작용한다. 그럼에도 불구하고 장모음과 단모음을 표기하기 위한 표기문자가 별도로 존재하는 것이 아니라, 한 개의 표기문자가 장모음과 단모음을 동시에 표기한다.[13)]

표기문자	〈a〉	〈e〉	〈i〉	〈o〉	〈u〉	〈ä〉	〈ö〉	〈ü〉
장:모음	[ɑ]	[e]	[i]	[o]	[u]	[ɛ/æ]	[ø]	[y]
단모음	[a]	[ɛ]	[ɪ]	[ɔ]	[ʊ]	[ɛ]	[œ]	[ʏ]

• **〈문자〉표기를 통한 [장:모음]-[단모음] 구분** : 한 개의 표기〈문자〉가 [장:모음]과 [단모음]을 동시에 표기할 수 있기 때문에 표기된 〈문자〉를 통해서 독일어 모음의 장-단음을 구분하는 것은 쉽지

13) [장모음]과 [단모음]을 표기하는 방법은 예를 들어 〈a〉-[ɑ]:[a], [ɑː]:[ɑ], [aː]:[a] 등으로 다양하게 관찰된다. 여기에서는 〈a〉-[ɑ 장모음]:[a 단모음]의 표기방법을 이용한다.

않다. 그럼에도 불구하고 자음〈문자〉표기를 통해 선행되는 모음을 [장:모음]과 [단모음]으로 구별할 수 있다. 이런 구별방법은 완벽하지는 않다.[14)]

[단모음] - 앞 [모음]이 짧다

- 〈ll, nn, mm, rr, tt〉 등과 같이 동일한 자음표시 〈문자〉가 겹쳐 나오거나,
- 〈dt, tz〉등과 같이 다른 자음표시 〈문자〉가 겹쳐 나오면 앞/선행[모음]이 짧다.

[장:모음] - 앞 [모음]이 길다

- 〈aa, ee〉처럼 동일한 모음표시〈문자〉가 중첩될 때,
- 〈ah, eh, ih, oh, öh〉처럼 모음표시〈문자〉 뒤에 〈h〉가 첨가될 때,
- 〈al, el, en, em, ar, er, ir〉처럼 모음표시〈문자〉 뒤에 공명자음[Sonorant]이 올 때 앞/선행[모음]이 길다.

• **[자음]-표기〈문자〉**: 독일어의 자음[소리]와 이들을 표기하는 자음표시〈문자〉는 거의 동일하다. 다만 몇 몇의 관계는 유의해야 한다. 특히, 특정한 자음표시〈문자〉와 이들의 조합은 이들 앞-뒤에 나오는 [모음]의 특성을 규정하기도 한다. 자음으로 간주되는 [소리]표기와 표기〈문자〉들의 관계 그리고 발음환경은 다음과 같이 요약될 수 있다.

---

14) 이런 구별 방법은 독일어 음절[Silbe] 구성(아래 3.3장) 및 강세와도 밀접하게 연관되어 있다. 예를 들어 모음표시 문자 〈-ie-〉가 낱말 〈**lie**-gen 누워있다〉에서처럼 〈-ie-〉에 강세가 있을 때에는 [i/ɪ:]으로 조음되지만, 외래어인 〈Fa-'mi-**lie** 가족〉의 경우에서처럼 앞 음절에 강세가 있는 경우에는 [i]와 [ɛ]로 분할된다.

문자 표기	소리 표기	발음환경과 실례
〈b〉	[b]	〈bunt 다채로운〉, 〈^{e}Ga-bel 포크〉, 〈^{e}Bahn 기차/궤도〉 ☞ 음절 끝에 오면 [p] 〈grub 팠다〉, 〈^{r}Herbst 가을〉
〈d〉	[d]	〈dan-ken 감사하다〉, 〈edel 귀족의〉, 〈du-schen 샤워하다〉 ☞ 음절 끝에 오면 [t] 〈^{s}Land 땅〉, 〈^{e}Hand 손〉
〈g〉	[g]	〈ge-ben 주다〉, 〈gut 좋은〉, 〈ver-ges-sen 잊다〉 ☞ 음절 끝에 오면 [k] 〈^{r}Tag 날〉, 〈^{r}Weg 길〉
〈f〉	[f]	〈^{r}Fisch 생선〉, 〈fres-sen 동물이 먹다〉, 〈^{e}Far-be 색〉 ☞ 독일어 〈v〉는 [f] 〈^{r}Vo-gel 새〉, 〈^{r}Va-ter 아버지〉
〈qu〉	[kv]	〈^{e}Qual 해파리〉, 〈^{e}Quel-le 샘/우물〉
〈sch〉	[ʃ]	〈schwer 무거운/어려운〉, 〈^{e}Schu-le 학교〉 ☞ 〈st〉는 [ʃt] 〈^{r}Stuhl 의자〉 〈sp〉는 [ʃp] : 〈spa-ren 절약하다〉
〈ch〉	[ç]	[e],[i],[ɛ], [ø],[y], [자음] + 〈ch〉 → [ç] 〈^{s}Pech 불운〉, 〈ich 나〉, 〈^{s}Ge-spräch 대담〉, 〈^{s}Elch 순록〉 [음절 첫머리] 〈^{e}Che-mie 화학〉
	[x]	[ɑ],[o],[u],[aʊ] + 〈ch〉 → [x] 〈^{r}Bach 개천〉 〈lo-chen 구멍내다〉 〈^{s}Buch 책〉 〈^{r}Bauch 배〉
〈w〉	[v]	〈^{r}Wind 바람〉, 〈^{s}Wet-ter 날씨〉
〈s〉	[s] [z]	〈^{s}Eis 얼음〉, 〈ernst 진심으로〉, 〈^{s}Obst 과일〉 〈^{e}Son-ne 태양〉, 〈be-su-chen 방문하다〉, 〈^{r}Sohn 아들〉
〈j〉	[j]	〈^{s}Jahr 해〉, 〈ja 예!〉, 〈jetzt 지금〉
〈h〉	[h]	〈^{r}Hals 목〉, 〈^{s}Haus 집〉, 〈heiß 뜨거운〉, 〈^{r}Hut 모자〉
〈ng〉	[ŋ]	〈^{r}Ring 반지〉, 〈lang 긴〉
〈l〉	[l]	〈^{e}Luft 공기〉, 〈la-chen 웃음〉, 〈leer 빈〉, 〈links 왼쪽에〉
〈r〉	[r]	〈^{r}Ring 반지〉, 〈rot 빨간〉
〈z〉	[t^{s}]	〈^{r}Zahn 이빨〉, 〈zei-gen 보여주다〉, 〈^{s}Zim-mer 방〉, 〈^{r}Zug 기차〉, 〈zu-sam-men 함께〉, 〈zwei 2〉

3.3 독일어 음절

독일어 음절[Silbe]은 모음으로 형성되는 음절 핵[Silbenkern]과 그 핵 앞의 시작부분[Anfangsrand(Onset)] 그리고 핵의 뒷부분인 끝부분[Endrand(Koda)]으로 구성된다. '음절 시작부분'에서 '음절 핵'에 이르면서 소리의 유성 정도가 강해지고 음절 핵에 이르러 최고유성에 이른다. 음절 핵을 지나 '음절 끝부분'의 마지막에 이르면서 유성음의 정도가 약해진다(Duden 4, 2016[9]: 41).

	시작부분 (-유성음 +)	음절 핵 (모음)	끝부분 (+ 유성음-)
〈Ton〉	[t	oː	n]
〈Welt〉	[v	ɛ	l t]
〈Hecht〉	[h	ɛ	ç t]
〈Sprung〉	[ʃp r	ʊ	ŋ]

우리는 '의미 있는 낱말'로 [말]하고 〈쓴다〉고 이해하고, 이 '낱말'은 '음절'로 이루어져 있다고 이해한다. 또한 [입말]음절은 [소리]들의 조합을 통해 형성된다고 이해한다.[15] 따라서 [입말]에서의 낱말

15) 언어음절[Sprachsilbe]은 구성형태에 따른 명칭을 갖는다. '시작부분'과 '음절 핵' 그리고 '끝부분'을 완벽하게 갖추어 형성된 음절, 즉 [자음+모음+자음]의 [소리]형태로 구성된 음절을 '닫친 음절'이라 한다. 그 외에 '끝부분'을 갖추지 못한 형태로 [자음+모음]으로만 구성된 음절을 '열린음절'이라 한다. 이와는 반대로 '시작부분'이 없이 [모음+자음]만으로 형성된 음절을 '벗은 음절'이라 한다. 독일어 낱말의 [첫음절 입말소리]에는 '벗은 음절'이 존재하지 않는다. 하지만 〈acht 8〉, 〈Ecke 모서리〉, 〈in ~안에〉, 〈oder 또는〉, 〈um 정각에/주변에〉 등과 같

은 개개의 언어[소리]의 연속으로 형성된다고 이해하기보다는, 오히려 여러 개의 [소리]로 형성된 '음절'로 구성된다고 이해한다. 이런 관점에서 우리는 음절은 음절보다 더 큰 언어형성체[Sprachgebilde], 예를 들어 '낱말'이 어떻게 구성되었는지를 분석가능하게 하는 분할단위[Segment]로 이해할 수 있다. 하지만, 여기에서는 '음절'을 낱말분석을 위한 분석단위로 이해하기 보다는, 함께 발화되는 다른 '음절'과 함께 더 큰 언어 의미형성체인 '낱말'과 '문장'을 형성하고 이들의 리듬[Rhythmus]을 형성하는 운율 구성단위[prosodische (suprasegmentale) Einheit]로 이해하기로 한다.

우리는 언어형성체[Sprachgebilde]가 한 음절 또는 음절연속을 통해 이루어지는 것으로 이해하고, 특히 음절연속을 통해 구성되는 '낱말'들 사이에서 음절 간 차별적 휴지[Pause]는 연속되는 음절들을 같은 의미를 포함하는 '낱말'로 묶거나 다른 의미를 지닌 '낱말'로 분류하도록 한다

이 표기되는 독일어 〈글말 낱말〉에서 볼 수 있듯, 독일어 〈글말〉에는 '시작부분'의 '자음표시 문자'가 기록되지 않는 경우도 있다. 이런 표기누락현상에도 불구하고 독일어 [입말]에는 발음기호 [ʔ]로 표시되는 자음표시[소리]가 음절의 '시작부분'으로 존재하는 것으로 이해한다. 이 때문에 독일어 낱말의 첫음절에는 '벗은 음절'이 없다고 할 수 있다. 이를 확대해서 독일어에는 '벗은 음절'이 없다고 이해하지만, 독일어 주요〈낱말〉[Kernwortschatz]인 〈gehen 가다〉과 〈teuer 비싼〉 등에서는 '벗은 음절'의 존재를 확인할 수 있다. 이들 〈geh-en〉-[ˈge:.ən]과 〈teu-er〉-[ˈtɔɪ.ɐ]의 음절을 구분해보면, 두 번째 음절인 [ən]과 [ɐ]에서 벗은 음절의 존재를 확인할 수 있는데, 이는 원래 낱말을 구성하는 '원래형태소'가 아닌 낱말의 변형이나 파생을 표시하는 '파생형태소'에서 '벗은 음절'이 존재할 수 있음을 예측할 수 있게 한다. 또한 외래어[Fremdwort]에서 차용되어 독일문학의 주요 낱말영역[Kernbereich]에 속하는 〈Po-e-sie 시문학〉-[po.e.ˈzi:], 〈Po-et 시인〉-[po.ˈe:t]와 같이 낱말의 음절구분을 통해서도 우리는 독일어에서 사용하는 낱말들에서 '원래형태소'는 물론 강세가 오는 음절에서도 '벗은 음절'을 관찰할 수 있다. 이에 대해서는 Duden 4 (2016[9]), 37-39쪽 참고.

고 이해한다. 독일어 낱말은 한 음절 또는 여러 음절이 모여 형성된다. 따라서 한 음절이 다른 음절과의 차별적인 휴지를 통해 '의미'를 포함하는 가장 작은 낱말이 될 수 있다. 독일어 낱말은 변형과 파생 그리고 낱말복합 등을 통해 새로운 낱말과 그에 속한 낱말형태^Token^를 왕성하게 형성하는 언어에 속한다. 따라서 한 음절 낱말을 잘 이해하는 것은 독일어 화용을 위한 초석이라고 할 수 있다.

낱말형태를 음절형태로 구분하는 것은 모국어 사용자의 경우 천천히 발음하는 과정을 통해서 구분하는 것으로 알려져 있다(Duden 4 2016[9]: 37-38). 아직 독일어 〈문자〉 쓰기를 배우지 않아 글말〈낱말〉 형태가 음절로 이루어 졌다는 사실을 모르는 어린이들도 여러 놀이를 통해, 실제로 음절을 통해 [소리]낱말을 형성하는 과정을 자연스럽게 익힌다. 이와는 반대로 우리는 [소리]를 표기/시각화하는 글말〈문자〉를 통해 재생하는 [독일어 소리]와 이를 바탕으로 구성하는 [입말]과 그 [소리]음절의 특성을 익힌다(Yeo 2005: 58-59). 따라서 〈낱말〉과 〈글말〉음절 그리고 연관된 입말[소리]간의 관계를 잘 이해하고 실행하는 능력은 독일어 화용을 위한 또 다른 초석이라고 할 수 있다.

3.3.1 글말〈낱말〉과 글말음절

독일어 〈글말 낱말〉들을 〈문자 음절〉로 구분했다. 이들을 독일어 [입말음절소리]로 전환해보고, 어떤 규칙성이 나타나는지를 대해 관찰하자.

〈Arbeit일하다〉 ⇒ 〈Ar-beit〉 〈baden목욕하다〉 ⇒ 〈ba-den〉

〈danken감사하다〉 ⇒ 〈dan-ken〉 〈einfach단순한〉 ⇒ 〈ein-fach〉

〈essen먹다〉 ⇒ 〈es-sen〉 〈fragen묻다〉 ⇒ 〈fra-gen〉

〈frieren얼다〉 ⇒ 〈frie-ren〉 〈Frequenz빈도〉 ⇒ 〈Fre-quenz〉

〈fahren타고가다〉 ⇒ 〈fah-ren〉 〈geben주다〉 ⇒ 〈ge-ben〉

〈helfen도움을주다〉 ⇒ 〈hel-fen〉 〈immer항상〉 ⇒ 〈im-mer〉

〈Kaffee커피〉 ⇒ 〈Kaf-fee〉 〈kommen오다〉 ⇒ 〈kom-men〉

〈kosten맛보다〉 ⇒ 〈kos-ten〉 〈kräftig힘있는〉 ⇒ 〈kräf-tig〉

〈Kultur문화〉 ⇒ 〈Kul-tur〉 〈mögen좋아하다〉 ⇒ 〈mö-gen〉

〈mieten임차하다〉 ⇒ 〈mie-ten〉 〈Minuten분〉 ⇒ 〈Mi-nu-ten〉

〈Mauer벽〉 ⇒ 〈Mau-er〉 〈nehmen받다〉 ⇒ 〈neh-men〉

〈Nummer숫자〉 ⇒ 〈Num-mer〉 〈ohne~없이〉 ⇒ 〈oh-ne〉

〈Paket소포〉 ⇒ 〈Pa-ket〉 〈Polizist경찰관〉 ⇒ 〈Po-li-zist〉

〈prima우수한〉 ⇒ 〈pri-ma〉 〈Paradies낙원〉 ⇒ 〈Pa-ra-dies〉

〈Richtung방향〉 ⇒ 〈Rich-tung〉 〈reden말하다〉 ⇒ 〈re-den〉

〈reichen다다르다〉 ⇒ 〈rei-chen〉 〈richtig옳은〉 ⇒ 〈rich-tig〉

〈Reise여행〉 ⇒ 〈Rei-se〉 〈rufen부르다〉 ⇒ 〈ru-fen〉

〈Salat샐러드〉 ⇒ 〈Sa-lat〉 〈Schule학교〉 ⇒ 〈Schu-le〉

〈stellen놓다〉 ⇒ 〈stel-len〉 〈später나중에〉 ⇒ 〈spä-ter〉

〈Sprache언어〉 ⇒ 〈Spra-che〉 〈Stube거실〉 ⇒ 〈Stu-be〉

〈Tasche가방〉 ⇒ 〈Ta-sche〉 〈Tasse잔〉 ⇒ 〈Tas-se〉

〈Telefon전화〉 ⇒ 〈Te-le-fon〉 〈teuer비싼〉 ⇒ 〈teu-er〉

〈trinken마시다〉 ⇒ 〈trin-ken〉 〈trocken마른〉 ⇒ 〈tro-cken〉

〈Verlust손해〉 ⇒ 〈Ver-lust〉 〈Universum우주〉 ⇒ 〈Uni-ver-sum〉

〈Vertrag계약〉 ⇒ 〈Ver-trag〉 〈Vorbild모범 ⇒ 〈Vor-bild〉

〈Wasser물〉 ⇒ 〈Was-ser〉 〈waschen씻다〉 ⇒ 〈wa-schen〉
〈wieder다시〉 ⇒ 〈wie-der〉 〈wegen인하여〉 ⇒ 〈we-gen〉
〈wohnen살다〉 ⇒ 〈woh-nen〉 〈zeigen보여주다〉 ⇒ 〈zei-gen〉
〈ziemlich상당히〉 ⇒ 〈ziem-lich〉 〈zurück되돌아서〉 ⇒ 〈zu-rück〉

글말 〈낱말〉을 〈문자 음절〉형태로 구분하고, 이들을 입말[소리]로 전환하면서 나타나는 음성학이나 음운론적인 기술은 아직 어렵게만 보인다. 하지만, 독일어 표기〈문자〉는 특정한 몇몇을 제외하고는 [소리]표기 〈문자〉인 국제발음기호[IPA]와 연관시킬 수 있다. 이 때문에 우리가 앞에서 학습한 [독일어 소리] 그리고 [독일어 소리]와 〈표기문자〉 간의 관련성을 적용하면 독일어 [입말]특성에 대한 분류가 조금은 가능하다.

3.3.2 음절의 전환

독일어 〈문자음절〉을 [소리음절]로 전환하는 과정에서 우리는 지금까지의 다른 언어경험에 의존하여 독일어와 관련된 몇몇의 규칙성을 관찰할 수 있다. 예를 들어

• 〈^{e}Ar-beit 일〉, 〈ein-fach 단순한〉, 〈es-sen ~을 먹다〉, 〈oh-ne ~없이〉 등과 같은 낱말에서의 첫째음절은 자음 없이 〈Ar-〉, 〈ein-〉, 〈es-〉, 〈oh-〉로 표시된다. 하지만 이들을 [소리]음절로 표시하고 비교 쌍을 만들면 다음과 같다: [ˀɑʁ]-〈ar-〉, [ˀaɪ]-〈ein-〉, [ˀɛs]-〈es-〉, [ˀo]-〈oh-〉. 여기에서 관찰되는 성문폐쇄음인 [ˀ]의 존재는 독일어 '낱말의 [소리]음절은 자음으로 시작한다.'는 일반적인 사실을

확인할 수 있게 한다. 이 목젖을 폐쇄하는 짧은 [ˀ]소리는 앞 자음 표시없이 모음으로 시작되는 독일어 〈낱말〉음절의 [소리]음절 전환과정에서 나타나는 전형적인 [소리]이다. 이 [ˀ]소리는 그 존재 이유와 어느 위치에 나타나는지를 파악한 후에야 정확하게 발음할 수 있는 특성을 가지고 있기는 하지만, 독일어다운 [소리]연습을 통해서 자연스럽게 습득되는 [소리]이기도 하다.

• 〈dan-ken ~에게 감사하다〉, 〈ein-fach 단순한〉, 〈fah-ren ~을 운전하다〉, 〈hel-fen ~에게 도움을 주다〉, 〈^{e}Kul-tur 문화〉, 〈^{e}Rech-nung 계산서〉, 〈^{e}Rich-tung 방향〉, 〈trin-ken ~을 마시다〉, 〈vor-stel-len ~를 ~에게 소개하다〉 등과 같은 낱말에서는 '글말 〈자음〉이 두 개 이상 나타나면, 마지막 글말 〈자음〉 앞에서 음절을 구분하고 [소리]화 해야 한다.'든지, 동시에 '글말〈자음〉이 두 개 이상 뒤따르는 선행[모음]은 짧다.'든지 또는 '모음표시 〈문자〉 뒤에 〈h〉가 첨가될 때'와 '공명자음^{Sonorant}을 표시하는 〈문자〉인 〈m, n, l, r〉가 이어 뒤따르면 선행[모음]은 [장:모음]'이라는 이미 학습한 내용을 적용하여 이들의 특징을 여러 관점에서 관찰할 수 있다. 독일어 낱말에 나타나는 글말 〈문자〉배열을 통해 우리는 완벽하지는 않지만 어느 정도까지의 〈글말〉음절을 구분하고 입말[소리] 음절로 전환하는 과정에서 음절 핵의 [장-단]을 규정할 수 있다.

• 〈ba-den 목욕하다〉, 〈ge-ben ~에게~을 주다〉, 〈mö-gen ~을 좋아하다〉, 〈mie-ten ~을 임차하다〉, 〈^{e}Mi-nu-te 분〉, 〈^{s}Pa-ket 소포〉, 〈^{s}Pa-ra-dies 낙원〉, 〈^{r}Po-li-zist 경찰관〉, 〈re-den ~에게 무엇을 말하다〉, 〈rei-chen ~에 다다르다〉, 〈ru-fen ~를 부르다〉, 〈Sa-lat 샐러

드〉, 〈spä-ter 나중에〉, 〈spre-chen ~에게 ~을 말하다〉, 〈[e]Stu-be 거실〉, 〈[e]Ta-sche 가방〉, 〈[s]Te-le-fon 전화〉, 〈ver-zei-hen ~를 용서하다〉, 〈wa-schen ~을 씻다〉, 〈wie-der 또 다시〉, 〈zei-gen ~에게 ~을 보여주다〉, 〈zu-rück 원점으로〉 등을 통해서는 '두 글말〈모음〉 사이에 글말〈자음〉이 나오면, 이 글말〈자음〉은 뒤에 오는 음절에 귀속시킨다.' 등과 같은 〈글말〉음절 구분방법을 관찰할 수 있다. 동시에 이런 환경에 나타나는 앞쪽의 〈글말〉음절은 열린음절[offene Silbe]이 되며 입말[소리]로는 길게 표시되는 [장:모음]이 되는 경향이 있다고 이해한다.

이렇게 관찰 가능한 규칙성[Regularität]은 글말〈낱말〉을 입말[소리] 음절로 전환할 때 쉽게 적용되는 경우와 그렇지 않은 경우가 있다. 이는 음절구분을 위한 규칙을 적용하기 용이한 형태의 낱말과 그렇지 않은 낱말들이 공존함을 의미한다. 독일어 화용관점에서는 우리 〈문자〉음절을 독일어 소리체계에 맞게 [소리]화할 줄 알고, 이를 '사회화된 의미'를 가진 〈낱말〉로 사용할 수 있는 경우, 이를 '아는 것'으로 이해한다. 따라서 이 '안다는 것'에는 개별 낱말의 '의미'는 물론 문장 안에서 사용되는 [소리] 및 〈문자〉 음절의 기능 '의미'를 이해함을 의미한다. 더 나아가 이 음절을 바탕으로 더 큰 의사소통단위를 구성하는 능력을 의미한다.

아래 낱말들에서 〈글말〉음절로 구분된 부분을 입말 [소리]음절로 전환해보자. 이 과정에서 관찰되는 음절구분규칙들과 그들의 특징을 적어보자.

〈Schü-ler 남학생〉	〈Schü-le-rin 여학생〉	〈Schü-le-rin-nen 여학생들〉

⇒ 음절은 자음으로 시작한다.

⇒

⇒

〈dro-hen 위협하다〉	〈^{e}Dro-hung 위협〉	〈Dro-hun-gen 위협들〉

⇒ 음절은 자음으로 시작한다.

⇒

⇒

〈Än-de-rung 변화〉	〈Än-de-run-gen 변화들〉

⇒

⇒

⇒

간단한 실험을 통해 음절을 구분하는 방법이 통일되어 일정하게 고정되어 있기 보다는, 오히려 낱말이 사용되는 환경에 따라서 조금은 다양하게 변화할 수 있음을 관찰할 수 있다. 이 관찰된 내용을 독일어 〈글말〉을 정확하게 입말[소리]화해야 하는 또는 말하기 위해서 독일어[읽기]를 먼저 배워야하는 우리의 관점에서 보면, 우선 〈문자〉음절을 구분하는 규칙을 체득해야 독일어 말하기를 배울 수 있다는 사실을 확인할 수 있다.[16)]

〈문자〉음절을 구분하기 위한 규칙과 우선순위를 최소한의 구분규

16) 이에 대해서는 Jong-Moon Yeo (2005), 77-97쪽 참고.

칙으로 이해한다. 다음의 구분 우선순위는 '낱말'의 형태-음운Morphologie-Phonologie 이론을 포함한다.

글말〈낱말〉의〈문자〉음절 구분 우선순위[17]
• 〈낱말〉과〈낱말〉사이에서 음절을 구분한다. • 〈접두어Präfix〉와〈기저낱말Basiswort〉사이에서 음절을 구분한다. • 〈기저낱말〉과〈접미어Suffix〉사이에서 음절을 구분한다. • 〈앞 음절〉이〈열린음절〉이 되도록 음절을 구분한다. • 〈같은 자음표시 문자〉사이에서 음절을 구분한다.

3.3.3 음절의 경계

〈글말〉음절의 경계를 구분하고 이를 [소리]음절로 전환하는 과정에서 음절구분을 위한 여러 개의 순위가 동시에 적용될 수 있다. 따라서 이들 음절구분을 위한 우선순위 사이에는 절대 우선순위가 있다고 이해하는 것 보다는, 두개 이상의 규칙이 동시에 적용되는 곳의 음절경계구분이 한 개의 규칙이 적용되는 곳에서 보다도 더 확실한 음절경계를 형성한다고 이해한다.

• '〈같은 자음표시 문자〉들 사이에 음절구분의 우선순위를 둔다.'는 의미는 음절의 이음새인 음관절Silbengelenk에서 두 소리를 한 소리로 묶어 입말[소리]화함을 내포한다.[17] 예를 들어, 독일어 동사〈bitten ~

17) 음(절)관절Silbengelenk은 ambisyllabisch이중음절성으로도 표현된다. 이는 연속되는 두 개의 음절에 공동으로 나타나 이 두 음절들을 연계하는 소리단위를 의미한다. 독일어 음절관절은 일반적으로 두 개의 동일〈자음〉을 통해 표시된다.〈Wan-

을 청하다〉, 〈**füllen** ~을 채우다〉, 〈**hoffen** ~을 희망하다〉, 〈**stellen** ~에 ~을 세우다〉에서와 같은 낱말에 나타나는 동일한 자음표시〈문자〉를 앞-뒤의 음절에 한 개씩 양분하여 〈**bit-ten**〉, 〈**fül-len**〉, 〈**hof-fen**〉, 〈**stel-len**〉과 같이 구분하고, ① 이들 앞에 나타나는 모음을 짧게 [소리]내고, ② 앞 음절과 이어지는 뒤 음절을 빠르게 붙여 [소리]내면서 원래의 두 소리를 ③ 한 소리로 입말[소리]화하는 것을 의미한다. 이렇게 〈**bit-ten**〉을 [bɪtən]으로, 〈**fül-len**〉을 [fʏlən]으로, 〈**hof-fen**〉을 [hɔfən]으로 〈**stel-len**〉을 [ʃtɛlən]으로 입말[소리]화 한다.

• 독일어 〈문자〉인 〈-ng〉, 〈-tz-〉, 〈-sch-〉, 〈-ck-〉등은 자음[소리]인 [ŋ], [ʦ], [ʃ], [k]를 표시하는 〈문자 조합〉으로 반복되는 자음표시〈문자〉인 〈ff, ll, tt〉들처럼 분철하지 않는다. 그럼에도 불구하고 〈문자〉조합인 〈-ng〉와 〈-tz-〉가 〈글말낱말〉인 〈[e]**Lunge** 허파〉, 〈[e]**Katze** 고양이〉, 〈**kitzeln** ~를 가렵게 하다〉에서처럼 음절들 사이, 즉 두 모음〈표시문자〉 사이에 나타나면 〈-ng-〉와 〈-tz-〉는 음(절)관절[Silbengelenk]을 형성하는 것으로 이해한다. 이를 바탕으로 우리는 ① 〈-ng-〉와 〈-tz-〉를 〈-ng-g-〉와 〈-tz-z-〉로 인위적으로 분

---

ne 통/욕조〉, 〈Was-ser 물〉 등은 예를 들어 음절관절을 중복된 〈-nn-〉과 〈-ss-〉를 통해 음절관절을 표시한다. 또한 〈**Katze** 고양이〉, 〈**Hacke** 갈고리〉, 〈**machen** 만들다〉에서와 같이 특정한 자음조합인 〈-tz-〉, 〈-ck-〉, 〈-ch-〉 등을 이용한 음절관절이 표시되기도 한다. 음절관절을 표시하는 특정한 자음조합들은 〈**wischen** 닦다〉-[ˈvɪʃən]와 〈**Wischer** 닦개〉-[ˈvɪʃɚ]에 나타나는 문자조합 〈sch〉-[ʃ]와 같이 한 번의 출현으로 두 번의 음가를 포함하는 특징을 갖는다. 〈machen〉, 〈wischen〉, 〈Wischer〉등과 같이 개별 낱말에 나타나는 음절관절 표시현상은 예를 들어 〈Macht 권력〉, 〈gewischt 닦힌/지워진〉, 〈wischfest 지워지지 않는〉와 같은 낱말의 형태적인 변화를 거치면서 음절관절로서의 기능을 상실한다(Duden 4, 2016[9]: 82쪽 이하).

리해서 낱말 〈ᵉLunge〉는 〈Lung-ge〉로, 〈ᵉKatze〉는 〈Katz-ze〉로, 〈kitzeln〉은 〈kitz-zeln〉으로 분리한 후, ② 〈-ng- g-〉와 〈-tz- z-〉로 빠르게 연이어서 두 음절을 [읽어]낸다. 이때 ③ 앞서는 음절모음은 짧고 강한 억양을 주어 [ˈluŋə], [ˈkatsə], [ˈkitseln]으로 음절관절을 소리[음절]화 한다.

• 반면에 〈-sch-〉와 〈-ck-〉를 독일어 [소리]인 [ʃ]와 [k]를 표시하는 〈문자〉조합으로 이해한다. 이런 이유에서 〈waschen ~을 세탁하다〉과 〈ᵉBacke 뺨〉와 같이 〈모음+ -sch- +모음〉과 〈모음+ -ck- +모음〉의 음절구조를 가지는 낱말은 ① 〈wasch-schen〉 그리고 〈Back-cke〉와 같이 음절을 인위적으로 설정해서 분할한다. ② 〈-sch-〉와 〈-ck-〉에 앞서는 모음은 짧고 강한 억양을 주면서, ③ 가상 설정된 [ʃ]와 [k]를 빠르게 다음 음절의 [ʃ], [k]와 이어지도록 [ˈvaʃən], [ˈbake]로 [소리]화한다(여종문, 2012: 72-86쪽). 예를 들어 〈ʳZucker 설탕〉, 〈stecken 꽂다〉, 〈dreckig 더러운〉, 〈ᵉFlaschen 병들〉, 〈zwischen ~사이에〉와 같은 글말 〈낱말〉들도 동일한 방법으로 음절을 구분하고 [소리]화해야 하는 낱말형태에 해당한다.

• 〈aa〉, 〈ee〉, 〈oo〉와 같은 동일한 중복모음 표시〈문자〉가 나타나는 〈ʳTee 차〉, 〈ʳSee 호수〉, 〈ʳAal 장어〉, 〈ʳSaal 홀〉, 〈ˢHaar 머리〉, 〈ˢMeer 바다〉, 〈leer 빈〉, 〈ˢMoor 늪지〉 〈ʳStaat 국가〉, 〈ᵉSaat 씨앗〉, 〈ˢBeet 화단/밭〉 등과 같은 〈낱말〉의 경우에는 두 가지 방법으로 [읽을 수] 있다.[18] ① 동일한 모음으로 표시되는 〈문자〉를 - [장:모

18) 반면에 두덴에서는 〈Aal〉, 〈Aas〉와 같이 중복모음의 경우이든 또는 〈Abend 저녁〉, 〈ewig 영원히〉, 〈üben 연습하다〉와 같은 단모음의 경우이든 낱말의 맨

음]을 표시하는 문자 〈h〉와 동일하게 인식하고 - 음절을 시각적으로 연장하는 기능(Duden 4, 2016[9]: 73-75)으로 이해한다. 그리고 ② 이에 상응하도록 [소리]화 한다. 또는 ① 복모음인 〈aa〉, 〈ee〉, 〈oo〉를 두 음절 〈a-a〉, 〈e-e〉, 〈o-o〉로 나누고, ② 동일한 〈자음〉으로 표시되는 음절관절[Silbengelenk]의 경우처럼 이들 모음표시 〈문자〉를 연이어서 빠르게 발음한다. 결과적으로 보면 동일모음중복표시를 장모음으로 이해하고 [소리]화해야 함을 내포한다.

• '앞의 음절이 '열린음절'이 되도록 우선순위를 둔다.'는 것은 '독일어 [소리]음절은 항상 최소한의 필수구조인 [자음+모음]형태를 갖는다.'는 [소리]음절 형성규칙을 준수해야 함을 의미한다. 따라서 〈문자〉로 표시된 음절도 [소리]음절처럼 '〈[자음]+모음〉으로 시작할 수 있도록 분절해야 함'을 내포한다. 예를 들어, 〈**re-*d*en** 말하다〉, 〈**fra-gen** 질문하다〉에서처럼 〈-모음+ -자음- +모음-〉을 표시하는 〈문자〉가 연속으로 나타나면, 〈-모음〉과 〈-자음- +모음-〉의 사이

처음 음절에 모음이 단독으로 음절을 이루는 경우에는 일반적으로 음절로 구분하지 않는 경향을 보이는 것으로 기술한다(Duden, 2010: 550). 이와는 다른 관점에 관한 논의는 대해서는 여종문(2012)의 65-71쪽 참조. 중모음에 대한 설명이 예를 들어 '모음의-시각적-연장기능', '모음의-단독-음절형성'등과 같은 언어이론의 배경적 근거야 어떻든, 우리의 관점에서 중요한 점은 〈중복모음 표기문자〉는 길게 [소리]화해야 한다는 점이다. 중복모음 표기문자 〈aa〉, 〈ee〉, 〈oo〉는 〈Aal 장어〉, 〈Saal 넓은 방/홀〉, 〈Haar 머리카락〉, 〈Paar 쌍〉, 〈Meer 바다〉, 〈Teer 타르〉, 〈leer 빈〉, 〈Moor 습지〉에서와 같이 〈r〉과 〈l〉 앞에서 그리고 〈Staat 국가〉, 〈Saat 씨앗〉, 〈Maat 선원〉, 〈Beet 화단〉, 〈Boot 작은 배〉에서와 같이 〈t〉 앞에서도 나타난다. 또한 〈Aas 짐승의 썩은 시체〉, 〈Moos 이끼〉, 〈doof 어리석은〉에서와 같이 드물게 〈s〉 또는 〈f〉앞에서도 나타나고, 특히 〈ee〉는 〈Schnee 눈〉, 〈Tee 차〉, 〈See 호수/바다〉, 〈Fee 요정〉에서와 같이 열린음절에서 나타나는 경향을 보인다.

를 구분하여 ⟨**re**-**den**⟩을 [**re.**d**ən**]으로, ⟨**fra**-**gen**⟩을 [**fra.gən**]으로 음절구분을 해야 한다.[19] 이는 모음으로 끝나는 음절, 즉 '열린음절'과 자음으로 시작하는 다른 음절의 '시작부분' 사이에서 음절경계가 형성될 수 있도록 구분해야 함을 의미하는 것으로, 우리가 독일어 [소리]음절이 항상 [자음]으로 시작할 수 있도록 음절을 조정해야 함을 내포한다.

• '⟨기저낱말^{Basiswort}⟩과 ⟨접미어^{Suffix}⟩ 사이에 음절구분 우선순위를 둔다.'는 것은 예를 들어 글말⟨낱말⟩인 ⟨dank-**bar** 고마운⟩, ⟨^{s}Bröt-**chen** 작은 빵⟩, ⟨sa-gen-**haft** 전설 같은⟩, ⟨^{s}Fräu-**lein** 소녀⟩, ⟨^{e}Frei-**heit** 자유⟩, ⟨^{r}Sport-**ler** 운동선수⟩, ⟨freund-**lich** 친절한⟩, ⟨^{r}Früh-**ling** 봄⟩, ⟨stimm-**los** 무성의⟩, ⟨^{e}Er-laub-**nis** 허가⟩, ⟨^{s}Schick-**sal** 운명⟩, ⟨lang-**sam** 천천히⟩, ⟨^{e}Wis-sen-**schaft** 학문⟩, ⟨^{s}Da-**tum** 날짜⟩, ⟨vor-**wärts** 앞으로⟩에서처럼 낱말의 뒤에 붙어 새로운 낱말을 형성하는 파생접미어는 언제나 독립된 음절로 분리해서 [소리]화해야 함을 의미한다. ⟨파생어미⟩인 예를 들어 ⟨-bar⟩, ⟨-chen⟩, ⟨-haft⟩, ⟨-heit⟩, ⟨-lein⟩, ⟨-ler⟩, ⟨-lich⟩, ⟨-ling⟩, ⟨-los⟩, ⟨-nis⟩, ⟨-sal⟩, ⟨-sam⟩, ⟨-schaft⟩, ⟨-tum⟩, ⟨-wärts⟩ 등은 항상 음절로 구분하여 [조음]해야 한다.

---

19) 입말에서 여러 개의 음절이 한 낱말을 이루는 경우, 그 중의 한 음절, 특히 마지막 음절의 음절 핵을 이루는 모음 [e]-⟨e⟩의 음가가 생략되어 탈락되는 현상^{Apokope}이 나타나기도 한다. 이런 현상은 [l], [n], [m], [r/R/ʁ/ɹ]과 같은 공명자음 앞에서 빈번하게 나타난다. 이런 경우에는 예를 들어 ⟨bitten 요청하다⟩-[bɪtn̩]에서처럼 공명음이 탈락된 모음 [ə] 대신 음절의 핵을 포함하는 [n̩], [l̩] 등으로 표기된다. 이 현상은 독일어를 배우는 우리에게 ⟨문자⟩와 [소리]간의 연결규칙 설정을 어렵게 한다(Yeo, 2005: 15-17).

• '〈접두어[Präfix]〉와 〈기저낱말[Basiswort]〉 사이에 음절구분 우선순위를 둔다.'는 것은 예를 들어 〈**er**-fah-ren ~을 경험하다〉, 〈**be**-deu-ten ~을 의미하다〉, 〈**ge**-brau-chen ~을 사용하다〉, 〈**ver**-ste-hen ~을 이해하다〉, 〈**zer**-stö-ren ~을 깨부수다〉, 〈**ent**-de-cken ~을 발견하다〉, 〈**miss-ver**-ste-hen ~을 오해하다〉 등에서와 같이 접두어인 〈er-〉, 〈be-〉, 〈ge-〉, 〈ver-〉, 〈zer-〉, 〈ent-〉, 〈emp-〉, 〈miss-〉 등 분리가 가능하지 않은 전철을 원래의 기저낱말[Basiswort]과 구분해서 [소리]화해야 함을 의미한다. 또한 〈**an**-ru-fen ~를 전화로 부르다〉, 〈**ab**-fah-ren ~에서 출발하다〉, 〈**auf**-räu-men ~를 정돈하다〉, 〈**aus**-ge-hen 외출하다〉, 〈**ein**-kau-fen 장을 보다〉, 〈**über**-ho-len ~를 추월하다〉, 〈**um**-stei-gen ~을 갈아타다〉, 〈**vor**-fah-ren ~를 앞서/먼저가다〉 등에서처럼 〈ab-〉, 〈ein-〉, 〈über-〉, 〈um-〉 등과 같이 분리가 가능한 접두어인 '분리 전철' 다음에서도 음절을 분리해서 [소리]화해야함을 의미한다. 결과적으로 '기저낱말'을 기준으로 낱말을 변형시키거나 다른 낱말을 파생시키는 모든 '접두어'와 '접미어'는 '기저낱말'과는 분리해서 [소리]음절화해야 함을 의미한다.

• '〈낱말〉과 〈낱말〉 사이에 음절구분의 우선순위를 둔다.'는 것은 두 개 이상의 낱말이 합해져서 새롭게 생성된 '낱말'을 대화 상대자가 구분하고 이해할 수 있도록 음절 간 차별적 휴지[Pause]를 통해 서로 분리해서 [소리]화해야함을 의미한다. 예를 들어, 〈Ich-weiß-es-nicht 나는 모릅니다.〉 또는 〈Ich-bin-Tho-mas 토마스입니다.〉에서와 같이 크게는 의미단위인 문장[Satz]을 이루는 문장구성요소와 작게는 문장구성요소를 형성하는 '낱말'과 '낱말' 사이를 분리해서 [소리]화해야 함

을 말한다. 또한 〈ᵉAu-to-**bahn** 고속도로〉, 〈ʳBahn-**hof** 정거장〉, 〈drei-**zehn** 13〉, 〈ᵉFahr-**kar-te** 차표〉, 〈ˢGast-**haus** 여관〉, 〈ᵉGrund-**schu-le** 초등학교〉, 〈ᵉKre-dit-**kar-te** 신용카드〉, 〈ʳSport-**platz** 운동장〉, 〈ˢMo-tor-**rad** 오토바이〉, 〈neun-**zehn** 19〉, 〈ᵉVolks-**mu-sik** 민요〉, 〈zoll-**frei** 면세의〉 등과 같은 복합어 낱말에 포함된 〈낱말〉과 〈낱말〉 사이에서 음절을 구분하고 이를 입말[소리]화해야 함을 의미한다.[20)]

3.3.4 음절과 강세

여러 개의 [소리]로 형성된 음절은 함께 발화되는 다른 음절 함께 더 큰 언어형성체인 '낱말'과 '문장'에서 발화리듬[Sprechrhythmus]을 형성한다. 우리는 음절보다 더 큰 운율 단위[prosodische Einheit]를 운보[Ponologischer Fuß]라고 이해한다. 이 '운보'는 강세[Betonung]를 가진 한 음절과 강세를 가지지 않는 다른 음절(들)로 형성되며 특정한 운율 구조를 형성한다. 이런 운율구조는 언어 사용환경과 지역에 따라 변화는 있지만 일반적으로 의사소통에 사용되는 언어는 그 언어 나름의 특정한 운보구조[Fußstruktur]를 갖는다.

---

20) 하지만, 〈da-rum 이런 이유 때문에〉↔〈dar-um〉, 〈wa-rum 왜〉↔〈war-um〉, 〈wo-rauf (관련된) 어디 위로〉↔〈wor-auf〉와 같은 독일어 '관계부사'와 〈in-te-res-sant 매력있는, 흥미로운〉↔〈in-ter-es-sant〉, 〈ˢHek-tar 헥터〉↔〈Hekt-ar〉, 〈ʳHe-li-kop-ter 헬기〉↔〈He-li-ko-pter〉, 〈ᵉPä-da-go-gik 교육〉↔〈Päd-ago-gik〉 등과 같은 외래어에서 관찰할 수 있는 것처럼, 음절을 조금씩 다르게 구분하고 또 용인되는 경우도 있다. 이에 해당하는 낱말들도 역시 위에서 소개한 '음절구분규칙'을 통해서 음절이 나누어지고 [입말소리]로 전환되는 것을 관찰할 수 있다.

독일어의 2 음절 〈낱말〉에서는 한 개의 강세음절과 다른 한 개의 비 강세음절이 연이어 나오는 구조적인 경향을 보인다. 우리는 이런 강세전형[Betonungsmuster]을 예를 들어 〈^{s}Au-ge 눈〉, 〈^{e}Na-se 코〉, 〈^{e}Lam-pe 등불〉, 〈^{e}Ta-sche 가방〉, 〈le-sen ~을 읽다〉, 〈geh-en ~로 가다〉 등에서 관찰할 수가 있다. 이런 강세전형을 Trochäus[트로헤우스]라 한다. 강세가 없는 1 음절 낱말들, 예를 들어 〈^{r}Stuhl 의자〉, 〈^{s}Bein 다리〉, 〈blau 파란〉, 〈rot 빨간〉 등과 같은 낱말은 복수변화를 거치면서 〈^{r}Stuhl〉→ 〈'Stüh-le 의자들〉, 〈^{s}Bein〉→ 〈'Bei-ne 다리들〉과 같이 2음절 낱말로, 형용사 부가용법 등과 같은 어미변화를 통해서는 〈blau〉→ 〈'blau-e〉, 〈rot〉→ 〈'ro-te〉와 같이 2 음절 낱말로 변형된다. 이렇게 변형어미가 추가되어 낱말형태가 변형되는 경우에도 Trochäus[트로헤우스]를 형성한다. 이렇듯 낱말의 강세전형[Betonungsmuster]은 사용환경에 따른 형태변화를 통해 그 원래구조를 바꾸기도 한다.

독일어에서는 일반적으로 5 종류의 운보구조[Fußstruktur]를 관찰할 수 있는데, 독일 시학에서 운보구조의 이해는 시의 운율 이해를 위한 초석이 된다. 이런 운조구조의 명칭과 강세구조를 큰 점(• : 강세)과 작은 점(· : 비 강세)을 사용해서 표시하면 다음과 같다.

Trochäus	betont, unbetont	• ·	〈'Ta-sche〉, 〈'Lam-pe〉
Jambus	unbetont, betont	· •	〈Kla-'vier 피아노〉, 〈Phy-'sik〉
Daktylus	betont, unbetont, unbetont	• · ·	〈'A-na-nas〉, 〈'Leh-re-rin〉
Anapäst	unbetont, unbetont, betont	· · •	〈Kro-ko-'dil〉, 〈Po-li-'zei〉
Amphibrach	unbetont, betont, unbetont	· • ·	〈Me-'lo-ne〉, 〈Ba-'na-ne〉

4. 동사와 문장술어

술어[Prädikat]는 거의 모든 문장에 나타나고, 가장 중요한 문장요소로 문장핵심[Satzkern]을 이룬다. 이런 이유에서 문장술어[Satzprädikat]라고 한다. 만약 의사소통상황에서 술어가 나타나지 않으면, 우리는 상황 의미를 유추해서 마치 문장에 술어가 있는 것처럼 이해한다.

A : **Willst** du heute nach Seoul **fahren**.
오늘 서울 갈거니?
B : Nein, (~~ich **möchte**~~) heute nicht (~~nach Seoul **fahren**~~).
아니, 오늘은 (~~나 서울에 가고 싶지~~ 않아) 아니야.

A : **Gehst** du heute?
오늘 가니?
B : Nein, (~~ich **gehe**~~) heute nicht!
아니, 오늘은 (~~나~~ 안 ~~가~~) 안가.

독일어를 사용할 때 우리는 주로 하나의 동사[Verb] 또는 여러 개의 동사를 조합하여 문장술어를 만든다. 하지만 경우에 따라서는 동사와 함께 형용사[Adjektiv], 부사[Adverb], 명사[Substantiv]를 결합하여 문장술어를 구성하기도 한다. 이런 경우에도 동사는 언제나 문장술어의 핵심구성성분[Kernbestandteil]이 되고, 이를 술어동사[Prädikatsverb]로 이해한다.

4.1 동사와 시간

동사는 언제나 시간[Zeit] 개념을 내포하기 때문에 시간낱말[Zeitwort]이라고 한다. 우리는 '시간'을 연속개념 안에서 이해한다. 의사소통을 위해 말하는(쓰는) 사람과 듣는(읽는) 사람이 같이 공감하는 '사회화된 시간'을 우리는 술어동사를 통해 표현한다. 이 술어동사를 통해 표현된 '시간'은 문장의미[Satzbedeutung]를 이해하는데 중요한 역할을 하는 관점[Aspekt]도 형성한다.

4.1.1 동사와 시간표시

우리는 독일어 문장술어에 나타나는 '시간'표시 형태를 현재[Präsens]와 과거[Past]를 표시하는 동사원형[Infinitiv]과 과거원형[Präteritum]의 변화 형태를 통해서 형성한다. 또한 동사로부터 현재분사[Partizip I/Präsens]와 과거분사[Partizip II/Perfekt]를 유추하여 동사가 원래 포함하는 '의미'를 간직한 상태로 문장에서 형용사적인 그리고 부사적인 소통관점[Verständigungsaspekt]을 형성하기 위해 사용한다.

독일어에서 현재[Präsens]와 과거[Past]로 요약되는 시간표시는 주로 동사 어미변화[Konjugation]을 통해 실현된다. 따라서 우리는 동사원형을 표시하는 동사어미 〈-en〉과 동일한 현재[Präsens]표시어미 〈**-en**〉의 변화, 〈동사어간-[Verbstamm]+-변화어미[Flexionsendung]〉 형태를 통해 '현재시간/시점' 및 '주어와의 관련성'을 표시하는 문장술어를 구성한다.[21] 과거를

---

21) 〈**dunkeln** 어두워지다〉, 〈**klettern** 기어오르다〉에서와 같이 〈-**el**〉, 〈-**er**〉 어간

표시하는 문장술어는 〈{동사어간-}+-**t**-{불변과거표시 형태소[Morphem]}+{-변화어미}〉 형태를 통해 구성한다. 동사의 과거분사[Partizip II/Perfekt]는 이를 표시하는 {형태소}인 〈**ge**-{ }-**t**〉를 이용해서 〈**ge**-+{-동사어간-}+-**t**〉의 형태를 통해 만든다. 예를 들어, 동사 〈hören 듣다〉은 〈hör-+{**en변화**} 듣다〉⇒〈hör-+{-**t**-}+{**en변화**} 들었다〉⇒〈{**ge**-}+{-hör-}+{-**t**}〉 들었던〉과 같이 '주어진 시간형태소'와 '주어에 따른 변화어미'에 준해서 규칙적으로 변화시킨다. 독일어 문법에서는 이런 연계를 〈동사원형〉⇒〈과거형〉⇒〈과거분사〉의 구도로 기술하고, 이런 구도가 적용되는 동사를 규칙변화 동사[regelmässiges Verb]라 한다.[22] 우리가 독일어 문장술어를 변화[Konjugation/Flexion]시킬 때는 '문장주어선정'과 표현'시간(현재/과거)', 전달'화법(직접/간접/명령)', '태(능동/수동)'과 '낱말의미'간의 연관관계에 준한다. 규칙변화 술어동사의 현재-과거-과거분사 변화 구도를 다음과 같이 요약할 수 있다.

〈hör-+{변화}〉⇒〈hör-+{-**t**-과거}+{변화}〉⇒〈{**ge**}-+-hör-+{-**t** 과거분사}〉

한편, 〈sehen 보다〉과 같은 동사에서는 위의 규칙변화 동사와는

이 끝나는 경우에는 〈-n〉이 형태변화어미가 된다. 의미적으로는 형태변화어미인 〈-en〉의 〈-e〉와 〈-n〉 사이에 〈l〉 또는 〈r〉가 오면 '반복'되는 행위와 상황을 표현하는 것으로도 이해할 수 있다.

22) 〈현재-과거-과거분사〉가 주어진 형태어미에 준해 규칙적으로 변화하는 동사를 규칙변화 동사[regelmäßiges Zeitwort/Verb]라 하고 이들의 어미를 규칙변화 동사 어미[die Endungen des regelmäßigen Zeitworts]라 한다.

다른 〈seh-en 보다〉 ⇒ 〈**sah** 보았다〉 ⇒ 〈ge-seh-en 본적 있는〉과 같은 변화를 관찰할 수 있다. 이 동사는 〈동사어간-[Verbstamm]+-변화어미[Flexionsendung]〉 형태로 규칙적으로 변화하는 동사들과 같은 방법으로 '현재시간' 및 '시점'을 표시한다. 하지만, 과거현상을 표시하는 〈**sah** 보았다〉의 경우에는 규칙적으로 변화하는 동사들처럼 〈{동사어간-}+-**t**-{불변과거표시 형태소[Morphem]}+{-변화어미}〉로 과거형 문장술어를 구성하는 것이 아니라, {동사어간-}인 〈seh-〉 그 자체가 〈**sah**〉로 변화되면서 {과거표시 형태소} 〈-**t**-〉 없이 과거를 표시하고 동시에 {-변화어미}를 취하는 과거원형[Präteritum]이 되는 현상을 관찰할 수 있다. 또한 과거분사의 형태도 규칙적인 {과거분사형태소}인 〈**ge**-{ }-**t**〉를 이용해 〈**ge**-+{-동사어간-}+-**t**〉의 형태로 변화한다기보다는, 〈**ge**-+{-동사어간-}+-**en**〉의 구도로 다르게 표시되는 변화를 통해 전체낱말을 과거분사 그 자체로 표시하는 것도 관찰할 수 있다. 독일어 문법에서는 이와 같이 규칙적인 연계구도가 적용되지 않는 동사를 불규칙변화 동사[unregelmäßiges Zeitwort]로 구분한다.[23]

이런 불규칙변화 동사들을 문장술어로 사용할 때는 이들의 〈동사원형〉과 〈과거원형〉이 문장주어의 특성에 따라 어떤 어미변화를 하는지를 해당 개별동사 단위로 잘 관찰해야 한다. 완벽하지 않음을 담보로 우리는 불규칙적인 변화를 하는 문장 술어동사 변화 구도를 다음과 같이 요약할 수 있다.

---

23) 동사어간은 불규칙동사처럼 변화하지만 인칭/수 표시형태는 규칙변화 동사처럼 변화하는 혼합변화 동사[gemischtes Zeitwort]가 있다.

〈seh-+{변화}〉⇒〈{*sah*-과거원형 Präteritum}+{변화})〉⇒〈**gesehen** {과거분사}〉

• **동사의 '현재표시'** : 독일어 동사의 '현재표시형태'의 표현과 이해관점은 우리가 현재 말하고 있는 순간에 일어나고 있는 일이나 사건 또는 현재 종사하고 있는 직업을 표시하고 싶을 때 사용한다. 또한 반복적 행동으로 인해 규정되는 취미나 습관 및 반복행위를 바탕으로 형성되는 직업을 표시할 때도 사용한다. 이런 '현재표시형태/현재형'은 한편으로는 객관적인 관점에서 모든 시간을 포함하는 사실적 진리를 표시하고, 또 다른 한편에서는 -우리의 관점에서 과거와 현재 사실을 바탕으로 이미 확정되어- 100% 실행되는 미래관점을 표시할 때 사용한다.

여기에서는 우리는 〈어간-〉+〈-어미〉의 형태를 띤 동사원형 어미 die Endungen des Infintivs의 어미 〈-en〉과 현재표시 동사의 형태어미 die Endungen des Präsenszeitworts 〈-en〉을 동형으로 해석한다. 따라서 동사의 〈어간-〉과 〈-어미〉 중에서 '원형동사표시'가 아닌 '현재표시' 〈-어미〉 〈-en〉에 '주어의 인칭(1-2-3)과 수(단수-복수)'의 개념이 내포될 수 있도록 〈-en〉을 〈**-e, -st, -t, -en,** -(e)**t, -en**〉로 변화시켜 〈어간-〉+〈-변형된 어미〉의 문장술어 형태로 사용한다고 이해한다.

〈 hör-**en** 듣다 〉
현재표시형태 ⇒ 동사어간 + 현재표시어미 ⇝'인칭'과 '수'에 따라 정해진 변화어미[24)]
〈 **hör-** 〉 + 〈 **-en** 〉 ⇝ 〈 **-e, -st, -t, -en, -(e)t, -en** 〉

	인칭\수	단수 현재형	복수 현재형
		〈 -en 〉 현재형 표시 〈 **-e, -st, -t** 〉 인칭, 수 표시	〈 -en 〉 현재형 표시형태 〈 **-en, -t, -en** 〉 인칭, 수 표시
hör *-en* 어간 어미	1인칭	ich ⇨ **hör** + **e**	wir ⇨ **hör** + **en**
	2인칭	du ⇨ **hör** + **st**	ihr ⇨ **hör** + **t**
	3인칭	er / sie / es ⇨ **hör** + **t**	sie ⇨ **hör** + **en**

• 동사의 **'과거표시'** : 일상독일어에서 〈 과거형태 〉는 화자가 말하고 있는 현재시점 이전에 일어난 일 / 사건을 표현할 때 사용된다. 이 때 사용되는 동사의 〈 과거형태 〉의 주요관점은 과거에 일어난 일이나

24) 동사어간 끝에 나타나는 〈문자〉의 특성에 따라 ① 주어의 '인칭'과 '수'에 따라 정해진 변화어미 앞에 특정한 〈문자〉가 위치하거나, ② 변화어미중의 특정 〈문자〉가 탈락하기도 하고, ③ 어간의 [모음]이 변화하는 현상이 나타난다. 예를 들어, ① 〈finden 찾다; du find-e-st, er find-e-t, ihr fand-e-t〉 그리고 〈atmen 숨쉬다; du atm-e-st, er atm-e-t〉, 〈rechnen 셈하다; sie rechn-e-t〉: 동사의 어간이 〈d/t〉로 끝나면 그리고 〈l〉과 〈r〉를 제외한 자음 이후에 〈m/n〉이 나오면 '2인칭, 3인칭 단수'와 '2인칭 복수'의 변화어미 앞에 〈e〉가 첨가된다. ② 〈reisen 여행하다; du reis- ⓢ -t〉, 〈mixen 섞다; du mix- ⓢ -t〉, 〈putzten 닦다; du putz- ⓢ -t〉: 동사의 어간이 〈s〉, 〈ß〉, 〈x〉, 〈z〉로 끝나면 2인칭 단수변화어미의 〈s〉가 탈락한다. ③ 〈tragen 나르다; du träg-st, er träg-t〉, 〈laufen 속도내서 가다; du läuf-st, er läuf-t〉, 〈stoßen 툭 밀치다; du stöß- ⓢ -t, er stöß- ⓢ -t〉, 〈geben ~에게~을 주다; du gib-st, er gib-t〉, 〈nehmen 취하다/받다; du nimm-st, er nimm-t〉, 〈sehen 보다; du sieh-st, er sieh-t〉: 불규칙으로 변화하는 동사에서 어간모음을 표시하는 〈a〉는 〈ä〉로, 〈au〉는 〈äu〉로, 〈o〉는 〈ö〉로 변화하고, 어간모음 〈e〉는 〈i〉, 〈i(e)〉로 변화하는 경향을 보인다.

사건이 '현재 상황과 관련 없음'을 핵심의미로 내포한다.

동사를 문장에서 과거형 Präteritum 문장술어로 사용할 때는 ① 규칙동사 regelmäßiges Zeitwort ② 불규칙 동사 unregelmäßiges Zeitwort ③ 혼합변화 동사 gemischtes Zeitwort 등의 세 가지 변화부류로 구분한다.

① 규칙동사 regelmäßiges Zeitwort : 원형동사의 〈어간-〉에 과거를 표시하는 형태인 〈**-t(e)-**〉를 추가하여 '과거표시'를 구성하고, 여기에 규칙변화어미인 〈**-e, -st, -e, -en, -(e)t, -en**〉 등을 '주어의 인칭'과 '주어의 수'에 따라 첨가한다. 이를 통해 문장술어동사의 '과거표시 형태'를 규칙적으로 완성할 수 있는 동사를 규칙동사 또는 약변화동사 Schwachverben 라 한다. 이런 동사들의 과거의미표시형태는 다음과 같은 개념을 내포한다.

〈hör-**en** 듣다〉
과거표시형태 ⇒ 동사어간+과거표시형태+'인칭'과 '수'에 따라 정해진 변화어미
⇒ 〈**hör-**〉+ 〈**-t-**〉 + 〈**-e**, -(e)**st**, **-e**, **-en**, -(e)**t**, **-en**〉

	인칭/수	단수 과거형	복수 과거형
hör -**t**- *en* 어간 어미		+ 〈**-t-**〉 과거형 표시형태 〈**-e**, -(e)**st**, **-e**〉 인칭, 수 표시	+〈**-t-**〉 과거형 표시형태 〈**-en**, -(e)**t**, **-en**〉 인칭, 수 표시
	1인칭	ich ⇨ **hör**+**t**+ e	wir ⇨ **hör**+**t**+ en
	2인칭	du ⇨ **hör**+**t** + (e)st	ihr ⇨ **hör**+**t**+(e)t
	3인칭	er/sie/es ⇨ **hör**+**t**+e	sie ⇨ **hör**+**t**+ en

② 불규칙변화(강변화)동사[unregelmäßiges Zeitwort]의 과거원형은 원형동사 어간의 모음변화를 통해서 구성한다. 여기에 '주어의 인칭'과 '주어의 수'에 따라 정해진 변화어미를 추가한다. 하지만 변화어미 1인칭과 3인칭 단수에서 어미를 생략한 불규칙 어미형태 〈-, **-st**, -, **-en**, -(e)**t**, **-en**〉을 이용해서 술어동사의 '과거표시형태'를 만든다.

〈sing-**en** 노래하다〉
과거표시형태 ⇒ **동사(어간모음변화)과거원형** + '인칭'과 '수'에 따라 정해진 변화어미
⇒ 〈sing- → sang-〉 + 〈-, -(e)**st**, -, **-en**, -(e)**t**, **-en**〉

	인칭 / 수	단수 과거형	복수 과거형
sang-*en* 어간 어미		sang- + 〈 -**t**(e)- 〉 과거원형 표시 〈-, -(e)**st**, -〉 인칭, 수 표시	sang- + 〈 -**t**(e)- 〉 과거원형표시 〈 **-en**, -(e)**t**, **-en**〉 인칭, 수 표시
	1인칭	ich ⇨ sang	wir ⇨ sang + en
	2인칭	du ⇨ sang + (e)st	ihr ⇨ sang + (e)t
	3인칭	er / sie / es ⇨ sang	sie ⇨ sang + en

③ 혼합변화 동사[gemischtes Zeitwort]의 과거원형동사의 어간은 불규칙 동사처럼 어간모음을 변화해서 만들지만, '주어의 인칭'과 '수'에 따른 어미 표시형태는 규칙동사의 〈**-e**, -(e)**st**, **-e**, **-en**, -(e)**t**, **-en**〉처럼 규칙적으로 변화하는 어미형태를 이용한다.

〈kenn-**en** 알다〉
과거표시형태 ⇒ **동사(어간모음변화)과거원형 +** (불규칙 동사)
과거표시형태+'인칭'과 '수'에 따라 정해진 변화어미 (규칙동사)
⇒〈kenn- (어간모음변화) kann-〉+ (불규칙 동사)
〈-t-〉 + 〈-e, -(e)st, -e, -en, -(e)t, -en〉 (규칙동사)

	인칭/수	단수 과거형	복수 과거형
kann- t -*en* 어간 어미 {과거원형}		kann+〈-**t**(e)-〉과거표시 원형 **〈-e, -(e)st, -e〉 인칭, 수 표시**	kann+〈-**t**(e)-〉과거표시원형 〈-**en**, -(e)**t**, -**en**〉 인칭, 수 표시
	1인칭	ich ⇨ kann+**t**+ e	wir ⇨ kann+**t**+ en
	2인칭	du ⇨ kann+**t** + (e)st	ihr ⇨ kann+**t**+(e)t
	3인칭	er/sie/es ⇨ kann+**t**+e	sie ⇨ kann+**t**+ en

이들 '불규칙 동사'와 '혼합변화 동사'의 '과거표시형태'와 추가되는 '주어의 인칭과 수'에 따른 어미변화는 유념해서 구분해야 한다.

• **동사의 '미래표시'** : 독일어 〈미래형태〉는 말하고 있는 현재 시점 이후에 일어날 수 있는 행위와 상황, 사건 등을 표현할 때 사용한다. 동사의 미래표시형태는 미래를 표시하는 의미를 담은 조동사 〈werden ~이 되다〉의 주어 '인칭'과 '수'에 따른 현재변화형태와 동사원형을 함께 조합해서 두 개 동사로 형성되는 복합 술어로 표시한다.

〈hör-**en** 듣다〉
미래표시형태 ⇒ 동사어간+'인칭'과 '수'에 따른 현재표시변화어미+…+
원형동사
⇒〈werd-〉+〈-**en** ⇝ -**e**, -**st**, -**t**, -**en**, -(e)**t**, -**en**〉+…+
〈**hören**〉

	인칭/수	단수 미래형	복수 미래형
werden+… + hören	1인칭	ich ⇨ werde+…+hören	wir ⇨ werden+…+hören
	2인칭	du ⇨ wirst+…+hören	ihr ⇨ werdet+…+hören
	3인칭	er/sie/es ⇨ wird+…+hören	sie ⇨ werden+…+hören

동사의 '미래표시'를 위해 함께 사용되는 불규칙(강)변화 조동사 〈werden〉의 어형변화는 '현재형' 변화로 한정한다. 이는 〈미래형태〉의 주요관점과 표현의 핵심이 현재시점과 현재발화에 기반을 두고 있고 미래에 일어날 일이나 사건이 현재 발화상황과 관련이 있음을 내포하기 때문으로 이해한다. 그러나 미래를 표시하는 시간부사와 함께 사용되는 현재형보다는 '미래정보에 대한 완전함을 담보할 수 없음'을 추정적 관점으로 내포한다. 특히, 청자에게 발화상황에 대한 판단을 전가하는 조동사 〈werden〉의 특징적 용법이 녹아들어 있다고 할 수 있다.[25)]

4.1.2 동사와 과거분사

규칙변화 동사의 '과거분사[Partizip II/Perfekt]'는 이를 표시하는 {형태소} 〈**ge-{ }-t**〉를 이용하여 형성한다. 하지만 과거분사를 표시하는 언어

25) 이에 대해서는 여종문 (2006): 독일어 동사 'werden'의 기능에 관한 소고를 참고.

형태는 동사의 변화 형태에 따라 다르게 실현된다.

규칙(약)변화 동사 : 〈**ge**- + 동사어간 + **t**〉	hör-en ⇝ **ge**-hör-**t**
불규칙(강)변화 동사 : 〈**ge**- + 동사어간모음변화 + **en**〉	sing-en ⇝ **ge**-s**u**ng-**en**
혼합변화 동사 : 〈**ge**- + 동사어간모음변화 + **t**〉	kenn-en ⇝ **ge**-k**a**nn-**t**

• 우리는 독일어를 사용하면서 과거분사를 통해 시간을 표시하기보다는, 오히려 조동사 〈haben ~을 가지다〉, 〈sein ~이다〉, 〈werden ~이 되다〉과 함께 '복합 술어'인 '완료형', '미래형' 그리고 '수동형' 술어형태를 이용해서 시간을 표시한다. 이를 통해 우리가 문장을 통해 서술하는 내용의 '시간과 관점' 및 '표현양태' 등을 함께 담아낸다.

• 독일어 **'완료형'** 술어를 〈Sie **hat gelacht**〉, 〈Sie **ist gekommen**〉 같은 문장에서처럼 〈조동사+(…)+과거분사〉의 형태로 구성한다. 이때 과거분사와 함께 완료형술어를 형성하는 조동사 〈haben〉 또는 〈sein〉의 변화형을 현재(인칭-수)변화형으로 적용하면 **현재완료**Perfekt 그리고 이들을 〈Sie **hatte gelacht**〉 또는 〈Sie **war gekommen**〉에서와 같이 과거(인칭-수)변화형을 적용해서 사용하면 **과거완료**Plusquamperfekt라는 문장술어das Prädikat 명칭를 부여한다. 우리는 조동사가 표시하고 기술하는 시점이전에 완료된 행위와 과정이 발화시점까지 영향을 미치고 있다는 서술관점을 내포하려는 의도가 있을 때 완료형 술어를 사용한다.

'현재완료'는 발화이전(과거)에 시작되어 이미 과거에 끝났거나 우리가 말하는 직전 순간까지 종결된 상황에 대한 설명을 위해서 사용한다. 특히, '현재완료형' 문장술어는 그 행위결과나 상황결과가 화자 관점에서 현재 발화순간까지도 영향을 미치고 있음을 내포할 때 사용한다. 이런 이유에서 현재완료는 현재 상황을 중심으로 진행되는 일상대화에서 과거에 기반 한 연속설명 또는 과거와의 관련성 및 연속성을 현재와 연계해서 이야기하는 서술관점을 내포하는 어법으로 사용한다. 따라서 우리가 독일어를 이용한 일상대화에서 가장 많이 사용하는 표현방법이라고 할 수 있다.

• 독일어 '미래형' 술어형태[Futur I]는 〈Ich **werde** **hören**〉, 〈Sie **wird** **lachen**〉 또는 〈Sie **wird** **kommen**〉에서 관찰할 수 있는 것처럼 〈조동사+(···)+동사원형〉의 형태로 만든다. 이런 '미래형술어'는 미래시간에 일어날 행위와 과정을 표현할 때 사용한다. 이런 미래형 술어형태를 〈Sie **wird** ***lachen*** ⇝ *wird* ***gelacht haben***〉 또는 〈Sie **wird** ***kommen*** ⇝ *wird* ***gekommen sein***〉에서와 같이 완료형구성을 더해 미래완료형[Futur II]으로 만든다. 미래의 한 시점까지는 술어를 통해 기술하는 내용이 '완료될 것이라 추정'하고, 그 미래시점 이후의 상황은 '완료된 결과의 영향권에 머무르게 될 것이라는 추정'을 담아서 미래완료형 복합 술어를 사용한다.

• 우리는 과거분사를 조동사 〈werden〉 또는 〈sein〉과 함께 수동형[Passiv] 술어를 형성하기 위해 사용한다. ① 〈werden+(···)+과거분사〉의 형태를 통해서는 〈Sie **wird** (von den Leuten) **ausgelacht** 그녀는 웃음거리가 되었다.〉에서와 같이 행위주체인 사람들을 표현하는 〈von den Leuten 사람들로부터〉를 생략가능하게 한다. 이를 통해 우리는 행위주체를 서술배경에 깔고 서술표면에 드러내지 않게 하면서 '웃음

거리가 됨'에 서술초점이 맞춰지도록 표현하는 수동형 술어를 형성한다. ② 반면에 조동사 〈sein+(…)+과거분사〉의 형태로는 상태[Zustand]를 표시하는 수동형 술어를 형성한다. 이 수동형 술어는 〈sein〉 동사와 함께 완료형을 형성하는 동사들과 동일한 술어구조를 형성하기 때문에 이들의 분류에 유의해야 한다. 왜냐하면, 예를 들어 동일한 술어구조를 갖는, 〈Sie **ist** **gekommen** 그녀가 왔다〉, 〈Die Tür(=Sie) **ist** **geöffnet** 문이 열려 있다〉와 같은 술어구조는 과거분사를 형성하는 원래동사가 자동사인지 타동사인지에 따른 분류와 의미 그리고 생물/무생물 등과 같은 주어 분류에 따라 완료형술어(자동사)와 수동형술어(행위타동사)를 구분할 수 있기 때문이다.

• 과거분사를 문장 안에서 〈Er hat *gedunkeltes* Haar 그는 검게 염색한 머리를 하고 있다〉에서와 같이 형용사[Adjektiv]의 부가적 기능으로 또는 〈Sie dachte *angestrengt* nach 그녀는 신경을 곤두세워 곰곰이 생각했다〉에서와 같이 종류를 나타내는 부사어 기능을 감당하는 부사[Adverb]로 사용하기도 한다.

4.2 동사와 문장술어

독일어를 사용할 때 우리는 '과거-현재-미래' 시간에 일어난 또는 일어날 사건을 기술하는 시점을 중심으로 문장술어[das Prädikat]를 구성한다.

특히, ① '시간'을 내포하고 '주어의 인칭'과 '주어의 수' 변화에 따라 변화하는 단일동사를 통해 단순술어를 만들거나, ② '주어의 인칭'과 '주어의 수'에 따라 변화하는 〈haben〉, 〈sein〉, 〈werden〉과 같은 조동사와 다른 동사를 조합하여 복합 술어를 만든다. 예를 들어, 〈werden〉+…+동사원형[Infinitiv] 조합으로는 '미래형'을, 〈haben〉 또는 〈sein〉+…+과거분사 조합으로는 '완료형' 복합 술어를 만든다. 이를 조합을 통해 시간단위를 포함하는 6개의 단순술어와 복합술어를 구성한다.

	과거 ⇨	현재 ⇨	미래
술어	과거완료 과거(단순술어)	현재 (단순술어) 현재완료	미래 미래완료

독일어 술어를 구성할 때 단일 동사로는 '과거'와 '현재'를 표시하는 '단순술어'를 구성한다. 이 술어를 주어의 '인칭'과 '수'에 의해 문법적인 일치변화를 만든다. 특히, 동사의 〈현재형〉을 단독으로 사용할 경우, 미래시간을 표시하는 낱말을 첨가해서 우리가 이미 확정하였거나 계획한 '미래'를 표시한다. 화자관점이 포함되는 '시간'을 표시하는 경우에는, 조동사 〈haben, sein, werden〉과 함께 '복합 술어'를 만들어 화자로서의 관점을 표시한다. 이렇게 구성하는 술어형태는 현재완료형[Perfekt], 과거완료형[Plusquamperfekt], 미래형[Futur I]과 미래완료형[Futur II]이다. 이런 관련성은 다음과 같이 요약된다.

과거 ⇨	현재 ⇨	미래
과거표시술어형태	**현재표시술어형태**	**미래표시술어형태**
	현재(단순술어) ⇨⇨⇨ ich *sag*e (내가 말한다)	⇨ 현재 (+미래표시 시간부사) 미래부사 시점에 진행될 확정행위 표시 ich *sag*e **morgen** (내가 내일 말한다)
과거(단순술어) 과거 한 시점에 완료된 행위 표시 ich *sag***te** (내가 말했다) 과거완료 과거 한 시점에 완료된 행위로 과거발화시점까지 연관된 행위표시 ich *hat***te gesagt** (내가 말했었다)		미래 미래시점에 예정된 행위 표시→ 추정 ich *werd*e **sagen** (내가 말할 것이다) 미래완료 미래 한 시점에 완료될 행위표시→ 추정 ich *werd*e *gesagt* **haben** (내가 …에 말했을 것이다)
현재완료 ⇨⇨⇨⇨⇨ 과거 한 시점에 완료된 행위 ich *hab*e **gesagt** (내가 말했다)	⇨⇨ 현재/발화시점과 연관된 행위특성 표시	

• **문장술어(동사)변화**[Konjugation] : 동사로 문장술어를 만드는 과정에서 '주어의 인칭' 및 '수'에 따라 술어형태를 정하는 동사를 정동사[finites Verb]라 한다. 예를 들어 〈**ich** sage morgen〉에서 〈sag-en〉 동사가 주어에 따라 변화된 〈sag-e〉로 정동사 형태[Finitum/finite Verbform/konjugierte Verbform]로 단일동사 문장술어로 이해한다.

• 주어의 인칭die Person	⇝	1인칭-2인칭-3인칭	⇨ 정동사 형태Finitum
• 주어의 수die Zahl/Numerus	⇝	단수-복수	

'과거형'과 '현재형'과 같은 단순 문장술어를 구성할 때는 주어에 따른 정동사 변형요인 이외에도 아래와 같은 요인을 포함해서 단순술어를 변화시킨다.

• 서술 시간die Zeit(Tempus)	⇝	과거-현재-미래
• 표현 양태die Handlungsart(Genus)	⇝	능동태-수동태
• 표현 화법die Aussageweise(Modus)	⇝	직설법-가정법-명령법

단순술어를 구성 할 때는 주어의 인칭과 수의 일치를 통해 문장 문법적 관계를 형성하고, 서술시간, 표현양태 그리고 표현화법을 통해서는 화자로서 우리의 발화이유와 발화방법을 첨가한다. 특히, 단순술어와 복합 술어 사용을 통해서는 우리가 표현하고자 하는 다른 발화관점을 드러낸다.

• 서술 관점die Sichtsweise beim Erzählen(Aspekt)	⇝	단순형태-완료형태

우리는 단순술어형태로 표현할 수 없는 다른 관점을 표현하기 위해서 두개 이상의 동사를 사용해서 복합 술어를 만든다. 이때는 주어에 따라 변화하는 정동사와 주어와는 문법적 일치관련성이 없는 비정동사를 사용해서 문장술어를 구성한다. '미래형'을 구성할 때는 조동사 〈werden〉을, '완료형' 문장술어를 구성할 때는 조동사 〈haben〉과

〈sein〉을 정동사로 사용하고 주어와의 문법일치를 통해 서술문장의 두 번째 위치에 고정한다. 이 정동사 문장술어 위치는 변하지 않는 것으로 이해한다.

〈werden〉	+…+	〈동사원형〉	미래형	
〈haben〉	+…+	〈과거분사〉	완료형	
〈sein〉	+…+	〈과거분사〉	완료형	
〈sein〉	+…+	〈과거분사〉	수동형	상태수동
〈werden〉	+…+	〈과거분사〉	수동형	행위수동

문장술어형태는 낱개의 여러 현상으로 분석이 가능하지만, 언어화용의 실제에서는 의사소통 전후 맥락, 현재 상황 및 앞으로 전개하고 싶은 내용에 따른 복합적으로 움직이는 상황에 따라 동시 다발적인 상호영향을 공유하면서 구성한다. 예를 들어, 〈Ich **werde** später ins Kino **gehen**. 나는 나중에 영화관에 간다.〉에서와 같은 미래형술어를 구성하는 경우에는 〈werden〉을 정동사로 그리고 변화하지 않는 술어부분인 비정동사는 〈동사원형〉인 〈gehen〉을 사용해서 문장술어를 구성하면서 동시에 표현 '양태와 화법' 그리고 우리들 자신의 표현 '관점'도 문장술어형태에 반영해서 구성한다.

또한 〈Sie **hat** ihm ein Buch **geschenkt**. 그녀는 그에게 책을 선물했다.〉와 같은 완료형 술어 및 〈Sie **wird** aus dem Haus **getragen**. 그녀는 집에서 들려나왔다.〉에서와 같이 수동형 술어를 구성하는 경우에는 〈haben〉과 〈werden〉을 정동사로 〈과거분사〉인 〈geschenkt〉와 〈getragen〉를 비정동사로 이용하여 문장술어를 구성하고 이들을 문장의 마지막 부분에 둔다. 우리가 문장술어에 반영하는 변화는 우리들의 기술방법과 태도를 반영하는 요소들로 이해할 수 있다.

우리는 술어형성과정에서 정동사와 주어와의 문법적 일치를 통해 [TUN-HABEN-SEIN]의 주체를 확인하도록 유도한다. 정동사와 동일형인 단순술어를 구성하는 경우에는 이 단순술어에 화자로서 우리의 의사소통방법과 서술관점을 담아서 표현한다. 우리가 예를 들어 조동사 〈werden〉, 〈haben〉, 〈sein〉을 이용해서 복합 술어를 구성하는 경우에는 주어와의 '인칭-수' 일치를 통해 문장주어의 [TUN-HABEN-SEIN]을 확인하고, 비정동사인 〈동사원형〉이나 〈과거분사〉를 통해 화자로서 우리의 의사소통방법과 서술관점을 표시한다. 따라서 복합 술어의 정동사는 비정동사에 따라 변화될 수 있는 서술자의 의사소통태도를 사전 암시하는 기능을 포함하는 것으로도 이해할 수 있다.

예를 들어 서술문장인 〈Sie *feiert* heute 그녀는 오늘 파티를 한다.〉에서 문장술어인 〈feiert〉를 '동사원형' 또는 '현재표시원형'인 〈feiern 기념식을 하다, (축하/애도) 파티를 하다.〉을 문장술어로 사용하기 위해 변화시켜서 얻는다. 우리는 정동사이면서 동시에 문장술어인 〈feiert〉을 다음과 같이 기술할 수 있다.

개념	:	내용	⇝	형태
• 주어 인칭	:	문장주어 〈sie〉의 인칭	⇝	3인칭 → 〈feiert〉
• 주어 수	:	문장주어 〈sie〉의 수	⇝	단수 → 〈feiert〉
• 서술 시간	:	문장의 서술시간	⇝	현재 → 〈feiert〉
• 서술 관점	:	화자의 서술관점	⇝	단순 → 〈feiert〉
• 표현 양태	:	표현양태	⇝	능동 → 〈feiert〉
• 표현 화법	:	표현화법	⇝	직설 → 〈feiert〉

따라서 우리가 독일어 '동사(현재표시)원형'인 〈feiern〉을 〈Sie feiert heute 그녀는 오늘 파티를 한다.〉라는 문장의 정동사 그리고 동시에 문장술어로 사용하기 위해 〈주어/3인칭 - 주어/단수 - 시간/현재 - 관점/단순 - 양태/능동 - 화법/직설〉의 형태인 〈feiert〉로 변형했다고 이해할 수 있다. 이를 기반으로 〈Sie feiert heute.〉라는 문장 안에서 문장술어 〈feiert (축하/애도)파티를 하다〉는 독일어 자동사 〈feiern〉을 〈3인칭-단수-현재-능동-직설화법〉의 형태로 우리의 표현의도를 담아내기 위해 변형한 문장술어로 규정할 수 있다.

우리는 주로 동사조합을 통해 우리의 의사를 담을 표현에 필요한 문장술어를 만들고, 술어를 구성하는 낱말을 통해 직접적이고 객관적인 '인칭'-'수'표시 이외에도 '시간'-'관점'-'양태'-'화법' 등 소통상대자가 우리의 발화관점과 발화의도를 파악할 수 있도록 문장술어를 구성한다. 이 때 독일인의 언어습관과 술어문법에 내재된 화용의미를 이해하는 것은 우리들의 의사소통을 원활하게 한다.

4.3 동사의 기능과 명칭

우리가 독일어 자동사 〈feiern〉을 〈3인칭-단수-현재-능동-직설화법〉의 형태로 변형한 문장술어로 기술했듯, 동사는 문장주어의 행위와 행위과정 및 결과를 표현하거나 표현대상의 상태를 묘사 또는 기술하는 의미적인 기능을 갖는다. 문장에서 주로 술어로 쓰이는 동사는 고유기능인 [TUN-HABEN-SEIN]을 바탕으로 행위와 행위과정 및 결과를 표현하는 명사로도 사용을 한다.

우리는 동사를 형태변화와 기능에 따라 구분할 수 있다. 동사의 형태에 따른 구분은 '규칙적으로 변화하는 동사'와 '불규칙적으로 변화하는 동사' 그리고 '혼합해서 변화하는 동사'로 구분할 수 있다. 문장에서 나타나는 위치에 따라서는 '분리되는 동사' '분리되지 않는 동사' 그리고 '분리/비분리를 병행하는 동사'로 구분한다. 특히, 전체동사를 일정한 기준에 의해 구분할 수 없기 때문에, 우리는 일반적으로 일부 기능적인 특징에 따라 동사를 구분한다. 여기에서는 기능에 따른 동사구분을 문장술어로 기능하는 동사의 '술어의미'에 따라서 술어구성을 위한 '술어의 독립성'에 따라서 그리고 동사로 인해 문장에서 '필요한 또는 요구되는 문장성분'에 따라서 다음과 같이 구분을 한다.

동사 구분	동사 종류
의미성(주어근황)	행위동사, 과정동사, 상태동사
독립성(술어구성)	완전동사/불완전동사, 조동사, 화법조동사
결합성(목적어/규정어)	타동사, 자동사, 재귀동사

4.3.1 술어구성의 의미

술어를 주어의 행위, 사건의 경위 또는 과정 및 이들의 상태를 표시하는 동사가 술어의미인 [TUN-HABEN-SEIN]을 포함할 때 이에 따라 구분한다. 하여 '행위(를 표시하는)동사', '과정(을 표시하는)동사' 또는 '상태(를 표시하는) 동사'로 구분을 한다.

- **행위동사**: 주어의 행위를 표시한다.
  Christa läuft. 크리스타가 걷는다.
  Hans-Hermann liest ein Buch. 한스-헤어만이 책을 읽는다.

- **과정동사**: 주어가 표시하는 내용의 과정을 표시한다.
  Es regnet. 비가 온다.
  Die Blumen welken. 꽃들이 시들어 간다.

- **상태동사**: 주어의 상태를 표시한다.
  Ich fühle mich gut. 기분이 좋다.
  Wir wohnen dort. 우리는 저기 살고 있다.

4.3.2 술어구성의 독립성

문장의 술어를 구성하면서 동사단독으로 문장술어를 구성할 수 있는지 또는 여러 동사를 함께 더해서 문장술어를 만들 수 있는지에 따라, '완전동사', '조동사', '화법조동사'로 구분한다. 우리는 〈sein〉 동사를 제외한 '조동사' 〈haben〉, 〈werden〉 그리고 모든 '화법조동사'를 추가적인 기능을 가진 완전동사로 이해한다.

• **완전동사** : 단일동사가 문장술어가 될 수 있는 동사로 〈sein〉 동사를 제외한 모든 독일어 동사가 이에 해당한다. 〈Sie kommen heute. 그들이 오늘 온다.〉, 〈Ich lese ein Buch. 책을 읽는다.〉, 〈Sie schläft. 그녀가 잔다.〉, 〈Er geht. 그가 간다.〉

• **조동사** : 독일어 조동사는 〈sein ~이다〉, 〈haben ~을 가지다〉, 〈werden ~되다〉 등 모두 3개다. 이들은 문장에서 다른 동사와 함께 문장술어의 '완료형태'와 '미래형태' 그리고 '수동형태'를 표시하는 술어형태를 구성한다.

• **완료형태 표시** : 〈haben / sein + ··· + 과거분사〉, 완료형태는 〈haben / sein〉의 과거 / 현재 / 미래시간표시변화에 따라 과거 / 현재 / 미래완료가 된다.

· 과거완료: Ich **hatte** ein Brötchen *gegessen.* 나는 빵 1개를 먹었다.
Wir **waren** *gelaufen.* 우리는 걸었다.

· 현재완료: Ich **habe** ein Brötchen *gegessen.*
나는 빵 1개를 먹었다(그래서···).
Wir **sind** *gelaufen.* 우리는 걸었다(그래서···).

· 미래완료: Ich **werde** ein Brötchen *gegessen haben.*
(미래 그때까지) 나는 빵 1개를 먹(었)을 것이다.
Wir **werden** *gelaufen sein.*
(미래 그때까지) 우리는 걸(었)을 것이다.

• **미래형태 표시**: 〈werden + ··· + 동사원형〉
Ich **werde** ein Brötchen **essen**.
(지금은 잘 모르지만···) 나는 빵 1개를 먹을 것이다.

Wir **werden laufen**.

(미래니까 지금은 잘 모르지만…) 우리는 걷을 것이다.

• 수동형태 표시 **1**: 〈werden +…+ 과거분사(행위/과정수동)〉

Die Tür **wird geöffnet**. 그 문은 (누군가에 의해) 열렸다.

표시 **2**: 〈sein +…+ 과거분사(상태/완료수동)〉

Die Tür **ist geöffnet**. 그 문은 열려 있(는 상태)다.

• 화법조동사 : 근본적으로 완전동사지만 문장에서 다른 동사와 함께 사용되어 그 동사의 의미를 섬세하게 규정할 때 사용한다. 독일어 화법조동사를 동사원형과 과거분사형이 동일한 형태의 불규칙변화 동사로 이해하고 화법조동사로 완료형술어를 구성하는 경우에는 동사원형을 과거분사로 취한다.

화법조동사	1차 의미	내포된 의미
〈können〉	가능하다	가능성 있는 능력표시
〈dürfen〉	허락하(되)다	누군가에 의한 허락표시
〈müssen〉	해야 한다	본인에 기인한 필연성표시
〈mögen〉	좋아하다	성향표시, 공경어법 möchte
〈sollen〉	해야 한다	타인의지에 기인한 의무표시
〈wollen〉	원한다	의지표시, 〈ich〉와는 사용안함

이들 화법조동사와 함께 문장(복합)술어를 형성하는 다른 동사는 원형의 형태로 문장의 끝에 위치한다. 〈Ich kann singen. 나는 노래할 수 있다.〉, 〈Sie dürfen gehen. 가셔도 된다.〉, 〈Wir müssen gehen. 우리는 가야 된다.〉, 〈Es mögen wohl dreißig Leute sein. 아마 30명쯤 되

었을 겁니다.〉, 〈Wir sollen jetzt anfangen. 우리는 시작해야 한다.〉, 〈Er will ins Kino gehen. 그는 영화관에 가려고 한다.〉

4.3.3 술어와 필요한 문장성분

동사가 문장술어가 되면서 특정한 문장요소를 필요로 하는 결합성향을 보인다. 이때 어떤 문장성분을 필요로 하는지에 따라 '타동사', '자동사', '재귀동사'로 구분할 수 있다.

• **타동사** : 4격 목적어를 필요로 하는 동사
Sie liebt ihn. 그녀는 그를 사랑한다.
Ich esse einen Apfel. 나는 사과 1개를 먹는다.

• **자동사** : 목적어를 필요로 하지 않는 동사
Ich schlafe. 나는 잔다.
Das Mädchen schläft. 그 소녀는 잔다.

• **재귀동사** : 목적어로 주어 스스로를 표시하는 재귀대명사 〈sich〉를 필요로 또는 포함하는 동사
Er bedankte sich. 그는 감사를 표한다.
Ich beeile mich. 나는 서두른다.

---

5. 문장술어의 형태

독일어 문장술어를 '단순술어'와 '복합 술어' 두 가지로 구분한다. 단순술어는 동사의 '과거형'과 '현재형'을 통해 구현되는 술어로 주어의 '인칭과 수'에 의해 정해진 정동사가 서술시간과 관점 그리고 표현양태와 화법이 반영되도록 변화[Konjugation]시켜 서술문장의 두 번째 구성요소로 고정한다.

'완료형', '미래형' 그리고 '수동형'으로 구현되는 복합 술어를 2개 이상의 동사 또는 동사와 다른 낱말의 결합 형태로 이해한다. 우리는 주어의 '인칭'과 '수'를 표시하고, '서술시간'과 '표현화법'에 따라 변화하는 술어부분[konjugiertes Verb]과 문장주어의 문법형태와는 무관하고 '서술관점'과 '표현양태' 및 '표현화법'을 반영하는 변화하지 않는 술어부분[nicht konjugiertes Verb]으로 복합술어를 구성한다.

시간	술어형태	문장 예시	내포의미/형태특징
과거	과거완료	Ich **hatte** *geschrieben*	과거특정시점까지 행위의 영향이 미쳤음을 표시
	과거	Ich **schrieb**	과거특정시점에 마무리 된 한 번의 사실을 표시
	현재완료	Ich **habe** *geschrieben*	현재발화시점까지 행위의 영향이 미침을 내포
현재	현재	Ich **schreibe**	현재 현상/과정, 반복사실, 직업, 진리, 습관, 규정된 역사적 사실
미래	현재	Ich **schreibe** *morgen*	미래표시 시간부사와 함께 확정된 미래 계획을 표시
	미래	Ich **werde** *schreiben*	확정할 수 없는 미래 행위 계획을 표시
	미래완료	Ich **werde** *geschrieben* **haben**	미래 특정한 시점까지의 행위 완료 추측

‘변화하지 않는 술어부분’은 ‘서술관점’과 ‘표현양태’ 그리고 ‘표현화법’ 표현을 위한 기저 핵으로 〈조동사+…+과거분사/동사원형〉 그리고 〈화법조동사+…+동사원형〉으로 문장술어의 기본 형태를 구성한다. 이때 ‘주어의 인칭과 수’에 따라 변화하는 술어부분은 문장의 두 번째 구성요소위치에 나타나게 하고, ‘변화하지 않는 술어부분’인 ‘비정동사’는 문장의 끝에 오도록 한다. 우리는 이런 복합 술어구조형태를 문장괄호[Satzklammer]라 한다.

문장괄호

〈(화법)조동사+ … +과거분사/동사원형〉

이 괄호구조 〈조동사+…+과거분사/동사원형〉의 〈+…+〉 영역을 괄호구조의 중간영역[Mittelfeld]이라 한다. 이 영역 안에는 목적어[Objekt], 부사어[Adverbiale Bestimmung/Adverbial] 같은 문장에 새롭게 등장하는 중요정보를 배치한다.

5.1. 현재, 현재완료, 과거

• **현재** : 독일어 현재표시형태는 화자가 말하고 있는 순간에 일어나는 현상, 반복적 행동을 통해 규정되는 취미나 습관 그리고 이를 바탕으로 설명되는 직업을 표시하기 위해 사용한다. 독일어 현재형 술어는 한편으로는 객관적인 관점에서 현재 시간을 포함하는 [TUN-

HABEN-SEIN] 표시는 물론 모든 시간을 포함하는 사실적 진리를 표현하기 위해 사용한다. 또 다른 한편으로는 우리 화자의 관점에서 현재 현실을 기반으로 이미 확정되어 100% 실행될 미래사건을 표시할 때도 사용한다.

• 현재 일어나고 있음을 표시하기 위해 사용한다.
Ich *schreibe.* 나는 (…을) 쓰고 있다.

• 규칙적인 반복 이를 통한 직업과 원리/원칙/진리를 표시하기 위해 사용한다.
Ich *schreibe.* 나는 작가 / 쓰는 사람이다.
Er *fährt* Bus. 그는 버스기사이다.
Ich *gehe* jeden Tag zur Schule. 나는 매일 학교에 간다.
Ich *gehe* zur Schule. 나는 학생이다.
Hannover *liegt* an der Leine. 하노버는 라이네 강변에 있다.

• 미래 표시 시간부사와 함께 실행될 미래를 표시하기 위해 사용한다.
Ich gehe *morgen* nach Seoul. 나 내일 서울 (100%) 간다.
Morgen gehe ich ins Kino. 내일 나 영화 (확정) 간다.

• **현재완료** : 현재완료술어는 화자가 현재 서술하는 행위 / 내용은 이미 과거시간에 실행되고 발화현재에는 완료되었지만, 그로 인해 현재 현상이 영향을 받고 있다는 또는 그렇지 않다는 사실을 내포하는 표현을 할 때 사용한다. 문장의 현재완료형태를 통해 한편으로는 화자의 기술관점을 드러내기 위한 디딤대로 이용한다고 이해할 수 있다. 하지만 다른 한편으로는 현재완료형태를 통해 발현되는 화자기술관점을 청자 스스로가 발화환경을 바탕으로 판단하도록 위임하기 위한 디딤대로 사용한다고도 이해할 수 있다. 독일어 일상대화에서

가장 많이 관찰되는 문장술어형태로 진행과 결과를 기반으로 화자의 관점표현을 더 명확히 표시하기 위해서 '부사어' 기능을 가진 낱말이나 낱말뭉치를 함께 사용하는 경향을 보인다.

현재완료는 우선 현재시간과 또는 현재 발화상황과 관련성을 표시하기 위해 또는 대화상황과 사회적 맥락을 배경으로 형성될 수 있는 함축의미를 담아 청자 스스로의 판단을 유도하기 위해 사용한다. 예를 들어, 〈Gestern *habe* ich eine Zwei in Mathe *geschrieben.* 나 어제 수학 등급 2를 받았다(열려있는 함축의미: 그래서 나는 수학을 (너 보다) 잘 한다/못 한다/수학이 싫다/좋다 등등).〉, 〈Ich *habe* schon ein Brötchen *gegessen.* 벌써 작은 빵 1개를 먹었다 (열려있는 함축의미: 그래서 배부르다/그렇지만 더 먹고 싶다 등등).〉, 〈Wir *sind* schnell *gelaufen.* 우리는 빠르게 걸었다(열려있는 함축의미: 그래서 피곤하다/배고프다/목마르다/좋다/그래도 늦었다 등등).〉, 〈Ich *habe* dich immer *geliebt.* 나는 너를 항상 사랑했다(물론 지금도 사랑한다/지금은 사랑하지 않는다 등등).〉과 같이 대화상대자에게 판단을 유보할 때 적용한다. 이런 말하기 형태를 통해 우리의 대화상대자에게 대화상황에 따라 우리의 의도를 예측·관찰할 수 있는 함축의미를 제시하고 반응을 관찰하면서 우리의 대화를 이어 진행할 수 있는 여지를 만들어낸다.

• **현재완료형 구성** : 〈haben / sein의 현재변화형 + … + 동사의 과거 분사〉

	〈haben〉/〈sein〉(현재변화)	〈동사의 과거분사〉
ich	habe / bin	**geschrieben / gelaufen** 쓰다 /(달려)가다
du	hast / bist	
sie	hat / ist	
wir	haben / sind	
ihr	habt / seid	
sie	haben / sind	

현재완료 구성을 위해 어떤 술어동사가 조동사 〈haben〉과 〈sein〉 중에서 어떤 것과 조합하는지는 결국 완료형을 구성하면서 〈과거분사〉가 되는 동사의 특성에 의해 결정된다. 특히, 〈과거분사〉가 되는 술어동사의 특성이 '행위타동사', '화법조동사', '재귀동사', '비인칭동사'로 규정되는 경우와 술어동사가 완전동사인 〈haben〉일 경우에는 〈haben〉이 완료형술어구성을 위한 조동사 기능을 한다.[26]

• 행위타동사 : Ich *schreibe* dir einen Brief. 나는 너에게 편지를 쓴다.
현재완료 ⇨ Ich *habe* dir einen Brief *geschrieben.* … 썼다.

• 화법조동사 : Er *kann* gut singen. 그는 노래할 수 있다.
현재완료 ⇨ Er *hat* gut singen *können.* … 할 수 있었다.

• 재귀동사 : Er *bedankt sich* herzlich. 그가 진심어린 감사를 표한다.
현재완료 ⇨ Er *hat sich* herzlich *bedankt.* … 감사를 표했다.

26) Duden 4 (2016[9]), 474쪽 참고.

• 비인칭동사 : Es *regnet* stark. 비가 많이 온다.
현재완료 ⇨ Es *hat* stark *geregnet.* … 왔다.

• 〈 **haben** 〉동사 : Ich *habe* ein Buch. 나는 책 한권을 가지고 있다.
현재완료 ⇨ Ich *habe* ein Buch *gehabt.* … 가지고 있었다.

일반적으로 '자동사'를 포함하는 현재완료형 구성은 조동사 〈sein〉을 이용한다.[27] 예를 들어 〈laufen 걷다〉라는 '주어행위과정'을 표시하는 자동사를 포함하는 문장 〈Christa **läuft.**〉의 현재완료형태는 조동사 〈sein〉을 이용하여 형성된 현재완료형 서술어를 포함하는 〈Christa **ist gelaufen.**〉으로 표시한다.

• 자동사 : Christa *läuft* viel. 크리스타는 (습관 · 직업 · 운동 등) 많이 걷는다.
현재완료 ⇨ Christa *ist* viel *gelaufen.* 크리스타는 많이 걸었다.

이처럼 주어의 '상태'나 '과정'을 표시하는 자동사는 조동사 〈sein〉을 이용하여 완료형 문장술어를 형성하는 경향을 갖는다.

하지만, 이런 경향을 띄는 자동사를 항상 〈sein〉과 함께 완료형을 구성할 수 있는 것은 아니다. 예를 들어, 〈stehen ~에 (서)있다〉, 〈wohnen ~에 살다 / 머물다〉, 〈schlafen 자다〉, 〈schweigen 침묵하다〉, 〈fahren (~을) 타고가다〉와 같은 자동사들은 - 그들이 주어의 '상태'나 '과정'을 표시하는 자동사임에도 불구하고 - 조동사 〈sein〉과 〈haben〉 모두를 사용하여 완료형을 구성할 수도 있다. 특

27) Duden 4 (2016^9), 474-475쪽 참고.

히, 〈fahren (~을) 타고가다〉는 〈fahren〉의 자동사의 의미와 함께 〈fahren ~을 운전하다/~를 태우고 가다〉와 같이 '행위타동사'의 의미를 갖기도 한다.

사용 환경에 따라 〈haben〉과 〈sein〉을 동시에 이용하여 완료형을 구성할 수 있는 유형의 동사들의 기능은 서로 다르고 이에 상응하는 문장의미도 다르기에 유념해야 한다.

동사원형	현재형 ⇨ 현재완료형
stehen	Die Vase steht auf dem Tisch. 꽃병이 탁자 위에 있다. ⇨ Die Vase hat auf dem Tisch gestanden. … 있었다.
wohnen	Sie wohnen in Seoul. 그들은 서울에 산다. ⇨ Sie haben in Seoul gewohnt. … 살았다.
schlafen	Ich schlafe viel. 나는 많이 잔다. ⇨ Ich habe viel geschlafen. … 잤다.
schweigen	Ich schweige oft. 나는 자주 침묵한다. ⇨ Ich habe oft geschwiegen. … 침묵했다.
fahren	Ich fahre oft. 나는 자주 운전한다/타고 간다. ⇨ Ich bin oft gefahren. … 운행했다/타고 갔다. ⇨ Ich habe **sie** zum Bahnhof gefahren. 그녀를…태워주었다.

또한 〈Ich bin in Italien 나는 이탈리아에 있다.〉는 문장술어가 현재완료형태로 전환되어 사용되는 경우 〈Ich bin in Italien gewesen 나는 이탈리아에 있었다.〉가 내포하는 함축의미는 다양하게 열려있다. 그 의미 안에는 〈이탈리아에 갔다가 (지금/얼마 전에) 돌아왔다.〉든지 또는 〈그래서 (현재 진행되는 내용이나 정도의) 그 느낌 안다.〉든

지 등의 여러 의미들이 함축되어 포함될 수 있다. 이 때문에 문장술어의 현재완료형구성은 우리가 표현하려는 〈서술시간〉 및 〈서술관점〉은 물론 문장의 〈표현양태〉와 〈표현화법〉의 선택에 따라 의사소통과정에서 전달하고자 하는 의미가 화자의도와 관계없이 의사소통상황과 의사소통참여자의 사회적인 맥락을 기반으로 변화되어 오인될 수 있다. 이런 이유에서 이런 문장술어형태 자체에 내포된 함축의미가 자칫 곡해될 수 있다는 사실에 주목할 필요가 있음은 물론 개별동사가 내포하는 의미와 이를 통해 형성되는 완료형의 함축의미와 그 변화특성을 대화상황과 사회적인 맥락을 바탕으로 파악하는 것이 절실하다.

우리가 독일어 술어형태를 사용하는 관점 중에서도 중요한 사실은 '이런 완료형 문장술어에 내재되어 있는 서술시간과 서술관점을 어떻게 이해할 것인가?'이다. 우선, 시간을 표시하는 술어형태를 자연시간(과거-현재-미래)과 연계하고, 서술관점을 내포하는 술어형태를 사용 환경에 따라 변화하는 부분과 변화하지 않는 부분을 기반으로 비교하면 서로의 연관구도를 얻을 수 있다.

과거 ⇨	현재 ⇨	미래
ich sagte 과거형	ich sage 현재형	ich werde sagen[28] 미래형
완료 :	〈haben / sein〉 + 변화하는 부분	〈동사의 과거분사〉 변화하지 않는 부분
〈haben / sein〉이 과거일 경우 과거완료	〈haben / sein〉이 현재일 경우 현재완료	〈haben / sein〉이 미래일 경우 미래완료
ich **hatte** gesagt. 내가 말 했었다.	ich **habe** gesagt. 내가 말했다.	ich **werde** gesagt **haben**. 말을 마쳤을 것이다.

• **과거** : 과거형은 지나가버린 상황으로 화자의 입장에서는 더 이상 변화시킬 수 없는 사실관점을 내포한다. 즉, 현재이전 상황을 일어난 그대로 받아들이지만 현재의 발화상황과는 상관없음을 내포하는 술어형태다. 단순술어형태를 사용하고, 과거시간을 표시하는 부사Adverb나 과거를 명백하게 표시하는 맥락Zusammenhang을 추가로 첨가해서 과거형 문장술어를 구체적으로 실현한다.

Gestern schneite es den ganzen Tag. 어제는 하루 종일 눈이 내렸다.
Er beschäftigte sich *jahrelang* mit der Farbenlehre.
그는 오랫동안 색채연구를 했다.

과거형 문장술어형태를 포함하는 질문에 대한 대답은 언제나 과거형을 사용한다. 특히, 의미상 발화상황과의 단절성 때문에 과거완료형태는 사용하지 않는 점에 주의해야 한다. 예를 들어, 〈Wo warst du gestern. 어제 어디에 있었니?〉라는 과거형 술어를 포함하는 질문은 과거완료형인 〈*Ich war im Kino gewesen.〉으로는 대답하지 않고 항상 〈Ich **war** im Kino.〉로 답한다.

과거형 문장술어는 〈Es war einmal … Im Lande Nirgendwo lebte ein böser Zauberer. 옛날 옛적에 세상 어느 곳에도 없는 그 곳에 심성 나쁜 마법사가 살았었는데…〉, 〈Im Riesengebirge wohnte ein mächtiger Berggeist. 높고 (깊은) 산중에 엄청나게 힘이 센 산신령이 살았었지…〉 등에서처럼 전설이나 동화에서와 같이 과거에 있었던 (것 같은) 일로

---

28) 아래 5.2 과거완료, 미래, 미래완료를 참고.

다시는 재현될 수 없는 현상을 표현하기도 한다.

5.2. 과거완료, 미래, 미래완료

• **과거완료** : 과거완료는 이미 지나가버린 상황으로 현재와는 관련이 없음을 표시하는 술어형태인 과거를 기반으로 형성된다. 이를 통해 우리는 이미 지나버린 과거 상황으로 과거의 한 시점까지는 연관성이 있었으나 현재 발화상황과는 관련이 없음을 표현한다. 아래와 같은 이해구도를 갖는다.

Als ich ihn sah, fiel mir ein, dass ich ihn **vergessen hatte**.
(과거1) (과거2) (과거완료)

내가 그를 보았을 때, 내가 그를 잊고 있었다는, 것이 떠올랐다.
(과거1: →als) (과거완료: 보기 전까지) (과거2: 갑자기)

우리는 현재 발화상황과는 관련이 없음을 표현할 때 사용하는 '과거완료'도 때로는 '현재완료'의 사용처럼 현재와의 연관성을 표현하는 특별한 상황을 관찰할 수도 있다. 예를 들어, '식당에 들어가면서 종업원에게 예약한 사실을 알리면서' 손님이

〈Wir hatten einen Tisch am Fenster bestellt.
우리는 창가자리를 주문했었습니다.〉

라고 말하는 경우의 '과거완료' 술어형태는 '현재완료' 술어와 동일한 의미와 기능을 갖는 것으로 이해한다. 이런 경우에는 과거에 일어난 사건(예약행위)과 현재 상황(식당입장)과의 연관성을 확인해주는 역할을 하는 '과거완료'로 확대해서 이해할 수 있다. 또는 우리가 (남부) 독일에서 자주 관찰할 수 있는 것처럼 사람들이 '두 손 가득 빵을 든 화자를 보고 (뭐지 하면서) 웃는 사람을 향해'

〈Ich war beim Bäcker gewesen. 빵집에 갔었어요.〉

라고 말하는 것을 관찰할 수 있다. 이때의 '과거완료'형태의 문장술어는 - 약간 억지스럽기는 하지만, 일반적으로 현재 일어나는 사건을 과거시간을 표시하는 술어구성을 통해 공손어법으로 구성하는 것에 기댄다면 - '현재완료형' 문장술어 〈Ich bin beim Bäcker gewesen.〉 또는 '과거형'문장술어 〈Ich war beim Bäcker.〉를 대신하는 공손한 술어형 구성수단일 수도 있다는 것을 짐작할 수 있다.

• 미래 : 미래에 일어날 수 있는 가능성을 표현하는 미래표시 문장술어는 조동사 〈werden의 현재변화형〉과 〈동사의 원형〉으로 구성한다. 우리가 사용할 수 있는 표현들, 예를 들어 〈Ich werde kommen. 나는 올 거야.〉, 〈Ich werde dir einen Brief schreiben. 내가 네게 편지를 쓸 거야.〉, 〈Er wird dich lieben. 그가 널 사랑하게 될 거야〉, 〈Die Ferien werden am 14. Juli beginnen. 휴가가 7월14일에 시작될 거야.〉, 〈Sie werden bald wegfahren. 그들 곧 떠날거야.〉, 〈Du wirst später zurückkommen. 넌 나중에 돌아오게 될 거야.〉 그리고 〈Du wirst bleiben. 넌 머물게 될 거야.〉 등은 장래 실현 가능성을 제시한다.

• 미래형구성 : 〈werden의 현재변화형 +…+ 동사의 원형〉

<table>
<tr><th colspan="2">werden 현재변화형</th><th>동사원형</th></tr>
<tr><td>ich</td><td>werde</td><td rowspan="6">schreiben</td></tr>
<tr><td>du</td><td>wirst</td></tr>
<tr><td>sie</td><td>wird</td></tr>
<tr><td>wir</td><td>werden</td></tr>
<tr><td>ihr</td><td>werdet</td></tr>
<tr><td>sie</td><td>werden</td></tr>
</table>

우리는 '미래에 일어날 수 있는 가능성을 포함'하는 문장서술은 동시에 '일어나지 않을 가능성도 포함'한다는 것을 인지한다. 따라서 화자의 의지에 준거해서 완벽하게 100% 실현될 사실로 판단되거나 예정된 계획은 '미래형 술어'를 사용하기보다는 '미래시간을 표시하는 부사어'를 포함하는 현재형술어를 사용한다. 따라서

〈Ich werde kommen. 나는 올 거야.〉을

⇒〈Ich **komme** ***morgen / in 2 Tagen / in einem Jahr.*** 내일 / 이틀 후에 / 일 년 후에〉로

〈Ich werde dir einen Brief schreiben. 너에게 편지 쓸게.〉를

⇒〈Ich **schreibe** dir einen Brief ***in einem Monat***. 한 달 안에〉

등으로 전환해서 화자의 발화의지 또는 객관적인 사실을 구체적으로 반영하여 표현할 수 있다. 또한 '미래형 술어'와 '정도부사' 및 '장소부사'를 함께 사용하여 예를 들어,

〈Die Ferien werden am 14. Juli beginnen.

방학은 7월 14일에 시작된다.〉를

⇒〈Die Ferien werden ***sicherlich*** am 14. Juli beginnen.

…에 확실히〉 또는

⇒〈Die Ferien werden ***wahrscheinlich*** am 14. Juli beginnen.

…에 확실히〉로

〈Er wird dich lieben. 그는 너를 사랑하게 될 거야.〉를

⇒〈Er wird dich ***vielleicht*** lieben. 아마도〉로

〈Du wirst bleiben. 너는 (계속) 있게 될 거야.〉를

⇒〈Du wirst ***weiterhin hier*** bleiben. 계속 여기에〉

등으로 전환해서 미래의 실현정도와 긍정효과를 포함하는 부사의 함축의미에 기대어 미래에 일어날 현상을 다양하게 표현할 수도 있다. 이에 더해 조동사 〈werden〉의 현재변화형의 위치에 화법조동사를 대신 넣어 미래표현을 할 수도 있다. 이를 위해서는 화법조동사의 기능과 의미관계를 명확하게 파악할 필요가 있고, 특히 화자의 의지 및 의무표현을 위해서 〈wollen〉, 〈müssen〉 그리고 〈sollen〉을 사용하는 경우, 개별 낱말이 포함하는 언어화용적인 내포의미인 〈Ich **will** kommen.〉 – (화자의 의지), 〈Ich **muss** kommen.〉 – (화자의 필요), 〈Ich **soll** kommen.〉 – (화자의 의무) 등과 같은 낱말의미에 유의하여야 한다.

〈Ich **will** (morgen / in 2 Tagen / in einem Jahr) kommen.〉

〈Ich **muss** (morgen / in 2 Tagen / in einem Jahr) kommen.〉

〈Ich **soll** (morgen/in 2 Tagen/in einem Jahr) (wahrscheinlich) kommen.〉

실제 언어사용환경에서는 이들 모두가 선택적으로 조합되어 미래의 실현가능성과 실현정도를 기술하기 위해 사용되기도 한다. 하지만 이런 미래표시 용법들도 사용 환경에 따라 다른 관점과 의미차이가 존재하기 때문에 섬세한 관찰이 필요하다.

• **미래완료** : 화자가 설정한 미래의 어느 시점까지는 모든 일이 완료되는 것으로 간주하고 표현하는 언어형태이다. 따라서 그 미래설정 시점 이전에 일어나는 일은 - 비록 현재에서 보면 미래에 발생하지만 - 과거로 인정하는 미래관찰자시점이 언어화용의 기준점이 되는 표현방법이다. 우리의 상상력을 기반으로 현재의 언어발화행위와 언급된 행위발생시점의 이동을 통해 현재와 미래를 아우르고 또한 그 안에서 다시 완료적인 과거개념을 설정하는 언어의 상상지시능력을 기반으로 형성하는 술어형태로 이해한다. 예를 들어, 아침에 등교하면서 만난 친구 영철이가 오늘 오후에 같이 놀자고 한다. 내가 영철에게 말하기를, 오늘 오후에는 숙제를 해야 하는데 오후 3시까지는 끝낼 수 있으니, 영철이가 오후 3시 이후에 놀러오면 같이 놀 수 있다는 의도를 표현할 때, '내가 오후 3시까지 숙제를 끝낼 수 있어, 그 이후에 와.'라고 말한다면 미래완료표현이 된다. 이런 미래완료는 항상 '지금 내가 (말하기를) 미래인 그 때 (오후 3시 이후) 시점에서는 숙제가 완료된 과거로 확인하는' 발화 및 행위시점 이동과 발화된 내용이 완료된 판단의 근거로 사용될 지시기준점을 필요로 한다.

이런 상상이동을 위한 지시기준시점이 필요한 경우, 우리는 시간을 표시하는 부사어를 사용한다. 예를 들어, 〈Ich werde meine Hausaufgabe **bis 15 Uhr** beendet haben. 나는 15시까지 내 숙제를 끝냈을 거야.〉와 같이 미래완료 문장술어는 〈Ich werde **bis Morgen** umgezogen sein. 나는 내일까지는 이사했을 거야.〉, 〈**Bis Weihnachten** werde ich dir einen Brief geschrieben haben. 크리스마스까지는 너에게 편지를 썼을 거야.〉, 〈Wir werden **bis 15 Uhr** angekommen sein. 우리는 15시까지는 도착해있을 거야.〉에서와 같이 '부사' 또는 '전치사구'로 형성되는 행위종료 판단의 기준점이 될 미래표시 시간부사를 사용한다.

• 미래완료형구성 : 〈werden의 현재변화형 +…+ 동사의 과거분사+haben/sein〉

<table>
<tr><th colspan="2">werden 현재변화형</th><th>동사의 과거분사</th><th>haben/sein</th></tr>
<tr><td>ich</td><td>werde</td><td rowspan="2">umgezogen</td><td rowspan="2">sein</td></tr>
<tr><td>du</td><td>wirst</td></tr>
<tr><td>sie</td><td>wird</td><td rowspan="2">geschrieben</td><td rowspan="2">haben</td></tr>
<tr><td>wir</td><td>werden</td></tr>
<tr><td>ihr</td><td>werdet</td><td rowspan="2">angekommen</td><td rowspan="2">sein</td></tr>
<tr><td>sie</td><td>werden</td></tr>
</table>

우리가 현재시점에서 미래시점에 어떤 일이나 상황이 종료되어 있을 것이라고 표현하는 것은 미래에 일어날 일을 추정기술하거나 대화 당사자들의 희망을 표현하는 의사소통행위의 방법으로 이해할 수도 있다.

6. 문장술어 표현양태

독일어에는 두 가지 표현양태인 능동태[Aktiv]와 수동태[Passiv] 또는 행위 종류 표현방법인 자기능동 표현형태[Tatform]와 타인피동 표현형태[Leideform]를 사용한다.[29)]

6.1 능동태

능동태는 행위와 행위자를 드러내고 일어나는 상황과 사건을 행위자관점에서 기술하는 특성을 갖는다. 따라서 우리는 〈Christina fährt in die Stadt 크리스티나는 (바퀴달린 도구를 타고) 도시로 간다.〉, 〈Mein Vater schreibt einen Brief 내 아버지는 편지를 쓴다.〉에서와 같은 문장에서 화자 또는 청자로 능동태를 경험한다. 우리는 능동술어를 통해 동사의 고유기능인 [TUN-HABEN-SEIN]을 바탕으로 주어의 행위와 과정 및 행위결과를 표현한다.

---

29) 두 가지 표현양태인 '능동'과 '수동'을 '자기능동행위'와 '타인피동행위'로 의미형태을 구분하면 표현양태를 구분할 때 어려움이 있다. 예를 들어, '능동태'인 〈Er lebt in Leipzig. 그는 라이프치히에 산다.〉에서의 '능동의미'는 결국 '자기능동행위'가 아닐 수도 있다. '수동태'인 〈Kim wird nach Seoul gefahren. 킴은 서울로 보내졌다.〉에서의 '수동의미' 또한 일방적으로 당하는 '타인피동행위'가 아닌 〈킴은 차에 태워져/차를 타고 서울로 보내졌다/갔다.〉로 자기의도가 포함된 의미로의 전환이 가능하기 때문이다. 따라서 여기에서 우리는 표현양태를 의미구분이 아닌 술어형태를 중심으로 구분하고 '수동태'와 '능동태'를 사용한다.

6.2 수동태

수동태는 일어나는 상황과 사건을 피행위자 관점에서 기술하는 특성을 갖는다. 수동태 술어형태를 〈Christina wird in die Stadt gefahren. 크리스티나는 (바퀴달린 도구에 태워져) 도시로 보내졌다.〉, 〈Ein Brief wird geschrieben. 편지 한 통이 쓰였다.〉에서와 같이 〈werden〉과 동사의 〈과거분사〉를 합해서 구성한다.

6.2.1 수동태의 기능

〈Christina wird in die Stadt gefahren.〉에서는 보내는 행위자가 아닌 '보내지는 크리스티나'가 〈Ein Brief wird geschrieben.〉에서는 '쓰인 편지'를 중심으로 문장이 기술된다. 우리는 이런 수동태 술어를 통해 '누가' 또는 '누구에 의해서' 행해졌는지를 문장 안에 감추고 의사소통을 시도한다. 행위자인 누구를 '그녀의 어머니'로 가정해 표현해보면,

〈Christina wird (von ihrer Mutter) in die Stadt gefahren.〉
크리스티나는 (그녀의 어머니에 의해) 도시로 보내졌다.
〈Ein Brief wird (von ihrer Mutter) geschrieben.〉
(그녀의 어머니에 의해) 편지 한 통이 쓰여졌다.

로 표시될 수 있다. 따라서 대화 도중에 행위자를 감추려는 의도가 포함된 경우 또는 행위자를 모르는 경우에는 행위자가 포함되지 않는 수동태[täterloser/täterabgewandter Passiv]가 사용되는 경향을 보이는 것으로 이해한다.

우리는 일상적인 대화를 하면서 행위와 행위자 중심의 문장이나 텍스트를 구성하고 이런 이유에서 능동태를 선호하여 사용하는 경향을 보인다.

〈Mein Vater schreibt nicht gern, er ruft lieber an. Aber er hat mir einen Brief geschrieben. Das hat mich völlig überrascht.〉

내 아버지는 쓰는 것 보다는 전화하기를 선호한다. 그런데 그가 나에게 편지를 썼다. 그 사실은 나를 완전 놀라게 했다.

이렇게 일상표현이나 발화행위가 행위자 중심으로 이루어지는 경향에도 불구하고, 수행행위의 행위자의 행동보다는 행위/행동을 통해 결과적으로 나타나는 상황이나 결과들의 순서를 중심에 두고 기술하려는 경우에는 수동태가 유용하게 사용된다. 특히, 독일어 '학술서적'이나 '설명서', '지침서' 또는 '안내서'에서 행위결과를 중심으로 표현되는 수동태 사용을 관찰할 수 있다. 이를 우리말로 전환하는 과정에서 유의해야 한다.

〈Zuerst werden alle Karten gemischt und verteilt…〉

먼저 모든 카드가 섞어지고 나누어 진 다음……

〈Zunächst wird etwas Fett in die Pfanne gegeben, …〉

먼저 기름을 조금 프라이팬 두른 후…

〈… dann werden Speckwürfel ausgelassen.〉

… 그리고 햄 조각을 넣는다.

〈Bei unserem Nachbarn ist eingebrochen.〉

우리 이웃에 도둑이 들었다.

〈Die Buffet ist eröffnet.〉 뷔페가 시작되었다.

〈Die Tür ist geöffnet.〉 문이 열려있다.

독일어 수동태는 ①표현단축 ②표현의 객관화 ③행위와 행위과정 강조 ④결과강조 이외에도 ⑤전문용어의 술어전환 기능을 중심에 두고 사용된다.

6.2.2 수동태 종류

독일어 수동태를 행위수동태[Vorgangspassiv]와 상태수동태[Zustandspassiv]로 구분한다.

• **행위수동태**[Vorgangspassiv] : 행위의 진행 및 과정 그리고 진행상황 기술에 중점을 둔 수동태로 조동사 〈werden〉과 함께 구성한다.

Das Auto wird repariert.
 그 자동차는 수리된다. (⇒ 수리과정 / 행위에 초점을 둔 기술)
Das Haus wird fertig gebaut.
 그 집은 다 지어졌다. (⇒ 건축과정 / 행위에 초점을 둔 기술)

• 행위수동태 구성 ⇨ 〈werden의 현재변화형 +…+ 동사의 과거분사〉

werden (현재)변화형		과거분사
ich	werde	gefahren repariert gebaut
du	wirst	
sie	wird	
wir	werden	
ihr	werdet	
sie	werden	

• 상태수동태[Zustandspassiv] : 진행상태에 초점을 둔 수동태로 상태표시를 대표하는 〈sein〉과 함께 타동사의 과거분사로 구성한다.

Das Auto ist repariert. 그 자동차는 수리된 상태다. (⇒ 수리된 상태에 초점)
Das Haus ist fertig gebaut. 그 집은 다 지어졌다. (⇒ 완성된 상태에 초점)

• 상태수동태 구성 ⇨ 〈sein의 현재변화형 +…+(타)동사의 과거분사〉

sein (현재)변화형		과거분사	
ich	bin	gefragt	(worden)
du	bist		
sie	ist		
wir	sind		
ihr	seid		
sie	sind		

상태수동을 표현하는 술어는 〈sein〉과 함께 구성되는 현재완료형과 동일한 술어형태를 보인다. 그러나 〈sein +…+ 동사의 과거분사〉로 나타나는 상태수동태 구성에서 타동사의 과거분사를 사용하면서 〈sein〉동사를 정동사로 취하고 자동사의 과거분사를 비정동사로 사용하는 현재완료형과 구별을 한다.

6.3 독일어 술어 표현양태 비교

독일어 문장술어의 표현양태인 능동태^Aktiv^와 수동태^Passiv^를 독일어 동사 〈rufen: ~를 부르다〉의 시간기반 표현 형태와 능동태 및 수동태 술어를 〈나: ich〉-〈너: du〉를 기준으로 다음과 같이 비교할 수 있다.

시간기반 술어형태	능동태 술어 ⇨ 수동태 술어
현재^Präsens^	ich rufe ⇨ werde gerufen du rufst ⇨ wirst gerufen
현재완료^Perfekt^	ich habe gerufen ⇨ bin gerufen worden du hast gerufen ⇨ bist gerufen worden
과거^Präteritum^	ich rief ⇨ wurde gerufen du riefst ⇨ wurdest gerufen
과거완료^Plusquamperfekt^	ich hatte gerufen ⇨ war gerufen worden du hattest gerufen ⇨ warst gerufen worden
미래^Futur^	ich werde rufen ⇨ werde gerufen werden du wirst rufen ⇨ wirst gerufen werden
미래완료^Futurperfekt^	ich werde gerufen haben ⇨ werde gerufen worden sein du wirst gerufen haben ⇨ wirst gerufen worden sien

7. 문장술어 화법

화자인 우리는 청자/대화상대자에게 '실제적인 것과 가상적인 것', '가능한 것과 불가능한 것', '희망하는 것과 명령' 등을 표현한다. 이런 표현을 위해 우리는 다양한 문장성분을 조합하는 방법을 선택한다. 문장을 구성하는 여러 성분의 의미조합을 통해서도 가능한 그리고 불가능한 내용을 표현할 수도 있다. 하지만, 우리는 동사를 기반으로 하는 문장술어[das Prädikat]에 이런 요소들을 반영하여 표현하는데, 이렇게 화자의 발화의도가 내재된 문장술어 표현방법을 '문장술어화법[Verbmodus des Satzes/Verbimodi]'으로 이해한다.

'화자가 말하는 내용을 구분해서 이해하라'는 신호를 문장술어에 담는 현상은 정동사의 어미변화를 통해 실현한다. 이를 통해 우리는 '화자, 즉 말하는 사람 본인의 의견진술인지 아니면 다른 사람이 표현한 내용을 전달하는 것'인지의 구분을 유도한다. 또한 발화내용이 '가능한 희망'인지, '불가능한 희망'인지 등을 화자가 술어를 통해 표현하고 있으니 구분해서 이해하라는 신호를 부여한다.

우리는 이런 문장술어화법을 ① 실제현상을 표현하는 직설법[Indikativ] ② 발화현재 상황에서 알려지는 사실이 '간접적으로 말해지고 있음'을 표시하는 '간접화법/가정법 I'과 ③ '희망사항의 실현 불가능'을 표시하는 '가정법 II'의 다른 이름인 접속법[Konjuntiv] 그리고 ④ 2인칭 대화 당사자에게 '명령/요구를 표시'하는 명령법[Imperativ]으로 구분해서 이해한다.

우리는 술어화법을 구분하기 위한 신호를 주어인칭과 수에 따라 변화하는 정동사의 형태를 통해서 나타낸다.

독일어 문장술어의 규칙동사 현재어미변화

	직설법	가정/접속법		명령법
인칭\인칭변화	현재	가정법 I	가정법 II	명령법
ich	**-e**	**-e**	**-e**	
du	**-st**	**-est**	**-est**	**-(e)**
er/sie/es	**-t**	**-e**	**-e**	
wir	**-en**	**-en**	**-en**	
ihr	**-t**	**-et**	**-et**	**-t**
sie	**-en**	**-en**	**-en**	

7.1 직설법/직접화법[Indikativ]

직설법은 말하는 사람입장에서 구분 가능한 사실을 기반으로 표현한다. 따라서 이를 사실/실제화법[Wirklichkeitsform]이라고도 한다. 특히, 술어의 핵심인 동사의 변화는 일어난 사건을 기술하는 '과거-현재-미래'시점과 화자 본인의 관점을 내포한다.

우리는 직접화법 문장술어[das Prädikat]를 시간개념과 화자관점을 포함하는 단일동사의 어형변형을 통해 단일술어형태로 구성하거나, 정동사와 다른 한 개 또는 두 개 이상의 여러 동사와의 조합을 통해 형성한다.

Christina übernimmt das Amt bei der Stadtverwaltung.
크리스티나는 그 도시 행정부를 인계받는다.
Ich rufe dich an.
전화할게.
Ich werde angerufen.
나는 전화를 받았다(= 누군가가 나에게 전화를 했다).
Wenn du Lust hast, spielen wir heute Fußball.
네가 원하면(= 하고 싶으면) 오늘 우리 축구하자.
Ich laufe in die Wohnung zurück, weil es regnet.
비가 와서 나는 집으로 되돌아간다.

7.2 가정법 / 접속(화)법Konjuntiv

가정법을 접속법이라고도 하는데 우리는 이를 '가정법 I'과 '가정법 II'로 구분을 한다. 이들의 차이를 화자 / 말하는 사람의 입장에서 판단한 기술내용의 사실정도 차이로도 이해할 수 있다. 즉, 화자판단에 의해 어느 정도의 사실성을 바탕으로 '지금 알려진 / 말해진 내용이 간접적으로 전해지고 있다'는 것을 표시할 때 '가정화법 I'을 사용한다. 이를 통해 우리는 사실여부를 담보하지 않거나 우리의 판단을 유보하는 기능을 부여한다. 이런 기능신호를 동사의 현재 원형을 기반으로 하는 어미변화를 통해 실현한다. 반면에 우리가 '무엇인가를 원천적으로 불가능하다'고 믿거나, 희망은 하고 있지만 '가능성은 없다'

는 사실을 알고 있음을 표현하고자 할 때에는 과거원형을 기반으로 어미변화를 통해 실현하는 '가정화법 II'를 사용한다.

우리는 청자/독자가 '화자의 기술내용을 구분해서 이해하라'는 신호를 문장술어 중에서 정동사 역할을 하는 동사의 현재 원형과 과거 원형의 어간을 기반으로 구성한다.

가정법/접속화법			
가정법/접속법 I :	**현재표시동사의 '어간'**	**+**	**'인칭'과 '수'에 따라 정해진 변화어미**
가정법/접속법 **II** :	동사의 과거형 '어간'	+	'인칭'과 '수'에 따라 정해진 변화어미
(강변화 동사 : 가정법/접속화법 II에서 어간모음 (a, o, u → ä, ö, ü)로 변화)			

가정법 I/II 인칭과 수에 따라 정해진 정동사 변화어미			
ich	-e	wir	**-en**
du	**-est**	ihr	**-et**
er/sie/es	-e	sie	**-en**

7.2.1 가정법 I^Konjuntiv I

돌려서 말하는 형태로 남의 말을 옮기는 간접화법 형태로 굳어졌다. 우리는 '가정법 I' 술어를 사용함으로써 '말하는 사람은 말해지는 내용들이 자신의 생각 또는 의지와는 상관없으며 제 3자의 발화가 현재대화에 인용되고 있음을 표시'한다. 이에 더해 우리가 말하는 내용과 이야기 되고 있는 내용에 대한 판단을 드러내지 않는 도구로도 사용한다. 더 나아가 이야기 되는 내용에 대한 진위 여부를 대화상대자인 청자가 판단하도록 하는 용도로 사용하기도 한다.

Thomas teilte Christa mit, Sophie übernehme die Hauptrolle.
토마스가 크리스타에게 '소피가 그 주인공역을 한다.'고 알렸다.
Sie antwortete, sie **sei** genau die richtige Person für die Hauptrolle.
그녀는 '그녀가 그 주인공역에 최적인물이다.'라고 답했다.
Meine Mutter meint, wir hab**en** ganz schön viel Glück gehabt.
내 어머니께서는 '우리가 정말 운이 좋았다'고 하신다.

위의 문장 〈Meine Mutter meint, wir haben ganz schön viel Glück gehabt.〉에서 〈…meint, wir haben…gehabt〉에서처럼 '가정법 I'과 '직설법'의 술어가 동일해서 서로 구분이 되지 않는 경우, 우리는 '가정법 II 술어형태'를 사용하여 '말해지는 내용이 화자의 발화의지와는 상관이 없으며 정보의 전달을 위해 인용되고 있음'을 표시한다.

'가정법 I'과 '직설법'의 술어가 동일해서 구분되지 않는 경우
Meine Mutter meint, **wir haben** ganz schön viel Glück gehabt.
⇕ 직설화법 = 가정법 I
Meine Mutter meint, **wir haben** ganz schön viel Glück gehabt.
⇓ (동일한 경우): 가정법 II 술어형태를 사용
Meine Mutter meint, **wir hätten** ganz schön viel Glück gehabt.
가정화법 II

'가정법 I'의 내포의미가 포함되는 술어형태 구성을 위해 〈sein〉을 사용할 때는 술어형태에 각별히 유의해야 한다.[30] 이는 예를 들어

"Das System **i s t** nicht gerecht", meint der Sprecher.
대변인은 "그 시스템이 공정하지 않다"고 (직접 인용해서) 말한다.

는 표현과

Der Sprecher meint, das System **s e i** nicht gerecht.
대변인은 '그 시스템이 공정하지 않다는 의견이 있다'고 말한다.

는 표현들 사이에는 의미적인 차이가 존재하기 때문이다. 특히, 우리가 전달자로써 어떤 사건에 대한 보고를 할 때 전달의미와 의견을 달리하거나 거리를 둘 때도 '가정법 I'을 사용한다.

Er zeigte mir das neue Auto und sagte, dass es schön **sei**.
그가 나에게 새 자동차를 보여주며 멋지다고 말했다.

새 자동차가 나에게는 멋지지 않았음을 암시하고 있는 표현으로 이해한다. 만약에 새 차가 멋있었다면 직설법을 사용했을 것이기 때문이다. 이렇듯 우리는 이런 직접인 그리고 간접적인 의미포함을 정동사를 통해서 표현한다.

우리가 '가정법 I'을 이용한 간접화법을 구성할 때는 화법조동사 또는 문장부사어[Satzadverbien]를 이용하여 〈Er soll hereinkonnen.〉이나

30) 아래 '가정법 I'과 '가정법 II'의 술어혼합현상과 〈würde+…+Infinitiv〉를 참조.

〈Wahrscheinlich kommt er bald.〉와 같이 의사소통 상황적 의미를 포함하는 언어형태를 구성할 수 있는 경우를 제외하고는 항상 상위문장을 구성한다. 상위문장에는 전달하는 사람을 설정하고 모든 시간형태를 사용할 수 있다. 반면에 하위문장에는 상위문장의 전달내용이 무엇이고 발화시점을 기준으로 언제 일어난 내용인지를 표시한다.

상위문장
Der Bauherr erzählt, … 건축주가 (…)라고 설명했다
Das Kind sagte, … 어린이가 (…)라고 말했다
Die Eltern haben gedacht, … 부모들은 (…)라고 생각했다

하위문장
dass der Sturm sein Hausdach **zerstört habe**. 폭풍우가 자기집 지붕을 망가뜨렸다고
가정법 I 현재완료[Konjunktiv I Perfekt]
es **habe** Bauchweh. 배가 아프다고 es **sei** krank. 아프다고
가정법 I 현재[Konjunktiv I Präsens]
es **werde** ihm mit einer Wärmflasche besser **gehen**. 보온주머니 사용으로 상태가 좋아질거라고
가정법 I 미래[Konjunktiv I Futur]

상위문장의 술어형태가 예를 들어 현재형인 경우, 우리는 하위문장의 '가정법 I 현재완료'를 통해서는 발화이전에 일어난 내용을, '가정법 I 현재'형을 통해서는 발화시간과 동일한 시간에 일어났음을 표시한다. 그리고 '가정법 I 미래'를 이용해서는 발화시점 이후에 일어난 상황을 표시한다.

Hans-Hermann schreibt: "Das ganze Wochenende **h a b e** ich auf euch **gewartet**."
"지난 주말에 너희를 기다렸다."고 한스-헤어만이 쓴다

⇨ Hans-Hermann schreibt, das ganze Wochenende **h a b e** **er** auf uns **gewartet**.
지난 주말에 우리를 기다렸다고 한스-헤어만이 (편지를) 쓴다

Martina sagt am Telefon: "Klaus **i s t** für ein Jahr nach Hannover **gegangen**."
"클라우스는 1년 예정으로 하노버로 갔다."고 마티나가 전화로 말한다

⇨ Martina sagt am Telefon, Klaus **s e i** für ein Jahr nach Hannover **gegangen**.
클라우스는 1년 예정으로 하노버로 갔다고 마티나가 전화로 말한다

다르게 말하면, 우리는 발화를 중심으로 이해하는 '가정법 I'의 과거 행위표시, 즉 상위문장 시간표시보다 앞선 시간을 표시하는 술어형태를 조동사 '〈haben〉/〈sein〉 가정법 I 형태'와 '동사의 과거분사[Partizip II]를 통해 표현'한다. 우리가 '가정법 I' 술어를 정동사의 현재형을 기반으로 구성하고 주로 간접인용을 위해 사용하는 특성 때문에 가정법 I의 술어는 주로 3인칭 '현재'와 '현재완료' 그리고 '미래'를 중심으로 구성한다.

술어형태	직설법	가정법 1
현재[Präsens]	**Sie kommt** 그녀가 온다	**Sie komme** (누군가 말하기를/내가 듣기에) '그녀가 온다'더라
현재완료[Perfekt]	Sie **ist** gekommen 그녀가 왔다	**Sie sei** gekommen (누군가 말하기를/내가 듣기에) '그녀가 왔다'더라 ich / er sei gekommen ich / er habe gegeben[31)]

미래Futur	**Sie** wird kommen 그녀가 올 거야	**Sie** werde kommen (누군가 말하기를/내가 듣기에) '그녀가 올거라'고 하더라 er/ich werde kommen[32)] er/ich werde geben
미래완료FuturPerfekt	Sie **wird** gekommen **sein** 그녀가 도착해 있을 거야	**Sie werde** gekommen **sein** (누군가 말하기를/내가 듣기에) '그녀가 도착해 있을 거라'더라

또한 우리가 이 화법을 주로 '인용'을 위해 사용하기 때문에 인용표시를 위해서만 사용하는 것으로 이해하는 경향이 있다. 하지만, 우리가 일어난 사건에 대하여 이야기하면서 거리를 둘 때나, '지침서'나 '안내서' 및 '요리 레시피' 등에서와 같이 객관적 '요구/요청' 및 순서에 의한 의미적인 명령을 표현할 때도 사용한다.

Man *nehme* drei Löffel Öl … 기름 세 숟가락을 넣고 …
Man *nehme* Dr. Ötker … Dr. Ötker를 넣고 …

사용 환경에 따라서는, 특히 '이유를 표시하는 접속사로 이끌어지는 문장'과 함께 화자자신의 의견을 유보하기 보다는 오히려 암묵적

31) 〈haben〉을 이용한 가정법 I의 1인칭 단수와 복수 그리고 3인칭 복수형은 〈ich habe gegeben〉→〈ich hätte gegeben〉, 〈wir haben gegeben〉→〈wir hätten gegeben〉, 〈sie haben gegeben〉→〈sie hätten gegeben〉와 같이 가정법 II 형태를 이용하여 현재완료형을 구성한다.

32) 1인칭 단수와 복수 그리고 2인칭, 3인칭 복수형은 〈ich werde geben〉→〈ich würde geben〉, 〈wir werden geben〉→〈wir würden geben〉, 〈ihr werdet geben〉→〈ihr würdet geben〉, 〈sie werden geben〉→〈sie würden geben〉과 같이 〈würden〉을 이용하여 미래형을 구성한다.

인 '불신'을 내포하는 방법으로 사용하기도 한다.

Hans ist heute nicht zur Schule gekommen, **weil** *er* Bauchweh *habe*. 한스가 오늘 학교에 오지 않았어, '복통이 있었다'는데.
Auch Hana ist spät zum Unterricht gekommen, **weil** *der Zug* Verspätung *habe*. 한나도 수업에 늦었는데, '기차가 연착했다'네.

따라서 완료형과 미래형을 구성할 때 정동사역할을 하는 조동사 〈sein / haben〉 그리고 〈werden〉의 변화확인은 필요하다. 우리의 일상적인 대화에서의 '가정법 I'의 용도는 크지 않지만 매스컴텍스트에서는 중요한 부분을 형성한다.

가장 빈번히 사용하는 가정법 I 〈sein / haben / werden〉 동사형태

ich	**sei**		
du	sei(e)st		
er / sie / es	**sei**	habe	werde
wir	seien		
ihr			
sie	seien		

7.2.2 가정법 II[Konjuntiv II]

우리가 말하는 내용이나 전달하는 내용 또는 우리의 생각이 '불가능하거나 불가능 할 것으로 우려되는 내용' 및 '불가능을 전제로 소망

하는 내용'이라는 것을 표시할 때 사용한다.

Sie sagte, sie **käme** später. 그녀가 나중에 올 수도 있다고 말했다.
Ich **käme** mit, wenn ich **könnte**. 내가 할 수만 있다면 같이 갈 텐데 …
Wenn ich doch reich **wäre**! 내가 진짜 부자라면!
Wenn das Wasser im Rhein das Bier **wäre**! 라인강의 물이 맥주라면!
Wenn das Wörtchen 'wenn' nicht **wäre**, **wäre** mein Vater Milionär.
'만약'이라는 말이 없었다면, 내 아버지는 백만장자일거야.

또한

Wenn ich viel Geld **hätte**, **würde** ich nicht mehr arbeiten.
내가 돈이 많다면, 더 이상 일하지 않을 텐데.
Ich **hätte** gern noch ein Bier, bitte. 맥주 한잔 더 주세요.
Könnten Sie mir bitte Zucker bringen? 저에게 설탕을 가져다주시겠어요?
Wären Sie so nett, mir noch ein Glas Wein zu bringen.
저에게 포도주 한잔을 더 가져다주는 친절을 베푸시지요.
Es **könnte sein**, dass er sich nicht freut, wenn die Schwiegermutter wieder kommt.
장모가 다시 온다면 그가 즐거워하지 않을 수도 있습니다.
Du **solltest** mehr auf deine Figur **achten**.
당신 외모에 더 신경을 써야 될 것 같아요.
Sie tat so, als ob sie nicht **wüsste**. 그녀가 아무 것도 모르는 척 합니다.

에서처럼 우리는 '가정법 II' 술어를 통해 불가능한 조건[Bedingungen]을 〈wenn〉과 함께 표시한다. 또한 공손한 희망[höflicher Wunsch]과 조심스런 추정[vorsichtige Vermutung] 등을 표현하기 위해 사용한다. 심지어 다른 사람에게 충고를 하거나 서로 다른 상황을 비교 표현하기 위해서도 사용하기도 한다. 이런 '가정법 II'의 술어형태는 과거형[Präteritum]을 기반으로 형

성하고[33] 정해진 인칭에 따라 변화시킨다.

직설법 과거 인칭변화				가정법 I/II 인칭변화			
ich	-	wir	**-en**	ich	**-e**	wir	**-en**
du	-st	ihr	-t	du	-est	ihr	-et
er/sie/es	-	sie	**-en**	er/sie/es	**-e**	sie	**-en**

특히, '가정법 II'의 술어 변화어미 형태도 '가정법 I' 및 '직설법 과거' 형의 술어 변화어미 형태에서와 마찬가지로 단수 1인칭과 단수 3인칭의 변화어미형태가 동일하고, 이 과정에서 변모음[Umlaut]이 가능한 소리 표시 문자 ⟨a, o, u⟩가 나오면 –불규칙변화 동사의 경우- 이들을 전설모음표시 문자인 ⟨ä, ö, ü⟩로 바꾼다.[34] 즉, 전설모음으로 전환한다.

동사원형	**ich** - 과거형	**ich** - 가정법 **II**
kommen 오다/가다	ich - kam 내가 왔다	ich - **käme** 내가 올 (수 있을) 텐데(안/못 왔다)
reden 말하다	ich - **redete** 내가 말했다	ich – **redete** 내가 말할 (수 있을)텐데(안/못 했다)
fahren 타고가다	ich - fuhr 나는 타고 갔다(왔다)	ich - **führe** 내가 타고 갈(올) 수 있을 텐데(안/못 했다)
finden 찾다	ich - fand 나는 찾았다	ich - **fände** 내가 찾을 수 있을 텐데(안/못 찾았다)

33) Duden 4 (2016⁹), 494-506쪽 참고.

34) 가정법 II 동사형성과 변모음 변화경향은 Duden 4 (2016⁹), 494-506쪽 참고.

하지만 변모음 변화경향을 보이지 않는 규칙변화 동사들은 'würde +…+ Infinitiv'를 이용한 '가정법 II' 술어형태를 구성한다. 예를 들어, 규칙변화 동사인 〈reden〉, 〈brauchen〉 등과 같은 동사들의 단수 1인칭과 단수 3인칭의 '직설법 과거'와 '가정법 II' 술어형태가 〈red-e-te〉, 〈brauch-te〉 등으로 동일할 수 있다. 이렇게 '가정법'과 '직설법' 술어가 동일한 경우에는 'würde+…+Infinitiv'를 이용한 술어형태를 사용해서 같은 술어형태로 인해 발생하는 의미해석의 불확실성을 회피한다.

동사원형	**ich - 과거형**	**ich - 가정법 II**
reden 말하다	ich - **redete** 내가 말했다	ich - **redete** ⇒ **'würde reden'** 내가 말할 수 (있을) 텐데(안/못했다)
brauchen 필요하다	ich - brauchte 나는 필요했다	ich - brauchte ⇒ **'würde brauchen'** 내가 필요할 수 있었을 텐데(없었다)

따라서 우리는 '가정법 II'의 술어의 변화 형태인 'würde+…+Infinitiv' 술어형태를 이용해 불필요한 오해를 유발하는 문장구조를 보다 명확하게 할 수 있다. 예를 들어,

Es **passier-te-n** weniger Unfälle, wenn man die Geschwindigkeit begrenzte.
⇒ Es **würden** weniger Unfälle **passieren**, wenn man die Geschwindigkeit begrenzte. 속도를 제한했더라면 교통사고가 적게 발생했을 것 입니다.

우리는 청자가 이 문장의 술어인 〈passier-te-n 일어났다〉를 '가정법 II' 술어로 파악하지 못할 수 있다는 점과 이로 인해서 이 문장의 원래 발화의도와는 전혀 다른 의미로 파악될 수도 있다는 점을 의식할

수 있다. 또한 아래 문장술어인 〈**leb-te-n** 살았다〉은 자연스럽게 '직설법 과거술어형태'로 인식되면서 문맥에 따라 의도된 의미가 아니라 전혀 다른 의미로 해석될 수 있는 상황에 처해있다는 것을 알 수 있다. 이런 이해환경을 극복하기 위해 -문체상으로 우아하지는 않지만- 'würde+…+Infinitiv' 술어형태를 사용해서 '가정법 II 술어형태'를 구성해서 '직설법 과거술어'가 아님을 표시한다. 이 형태는 거의 모든 규칙변화 동사의 '가정법 II' 술어형태를 대신해 사용할 수 있다.

Er sagte, in Deutschland **leb-te-n** viele Ausländer.

⇒ Er sagte, in Deutschland **würden** viele Auslander **leben**.
그는 독일에는 많은 외국인이 거주했을/할 것이라고 말했다.

특히, 일상적인 면-대-면 의사소통상황에서 〈tun 하다〉과 같이 '가정법 II' 표시동사의 형태가 직설법 표시동사와 비슷하거나 발음하기 불편할 때에도 '가정법 II' 대용형태인 〈würde+…+Infinitiv〉 술어를 사용한다.

Täten Sie das? ⇒ **Würden** Sie das **tun**?
이것을 하셨겠습니까?

Sie sagte, sie **frag-te** später. ⇒ Sie sagte, sie **würde** später **fragen**.
그녀가 나중에 질문한다고 말했다.

Ich **käme mit**, wenn ich könnte. ⇒ Ich **würde mitkommen**, wenn ich könnte.
내가 할 수만 있다면 같이 갈 텐데.

우리가 '가정법 I'을 이용한 술어를 구성할 때는 상위와 하위문장을 구성한다. 상위문장에서는 전달자를 설정해야 하고 모든 시간형태를 사용한다. 하위문장에서는 전달내용이 무엇이고, 발화시점을 기준으로 언제 일어난 내용인지를 표현한다. 예를 들어, 상위문장의 발화표시 시간이 현재라면 '가정법 I 현재완료'를 통해서는 발화이전에 일어난 내용을 표시한다. 우리는 하위문장의 '가정법 I 현재'형을 통해서는 발화시간과 동일한 시간에 일어났음을 표시한다. '가정법 I 미래'를 이용해서는 발화시점이후에 일어난 상황을 표시한다.

하지만 이런 시간기반 표현과는 거리가 있는 '가정법 II'의 술어는 주로 '현재완료'와 '미래' 및 '미래완료'의 복합술어형태를 기반으로 하는 사용을 관찰할 수 있다.

술어형태	직설법	가정법 II
현재^Präsens	sie kommt 그녀가 온다	sie **käme** 그녀가 온다면 (하지만 그렇지 않을 거야!)
현재완료^Perfekt	sie ist gekommen 그녀가 왔다	sie **wäre** gekommen 그녀가 왔더라면 (하지만 그렇지 않았지!)
미래^Futur	sie wird kommen 그녀는 올 거야	sie **würde** kommen 그녀가 온다 했었더라면 (하지만 그렇지 않겠지!)
미래완료^Futur Perfekt	sie **wird** gekommen **sein** 그녀는 도착해 있을 거야	sie **würde** gekommen **sein** 그녀가 도착해 있을 거라면 (하지만 그렇게 되어 있지 않을 거야!)

일상대화에서는 '가정법 I'과 '가정법 II'의 술어형태가 혼재되어 사용되는 경향을 보이기도 한다. 일반적으로 '가정법 I' 술어형태가 '직설법' 술어형태와 동일한 경우에는 '가정법 II' 술어형태를 사용한다.

Sie sagte, die Ware **s e i** zu teuer. ⇒ Sie sagte, die Ware **w ä r e** zu teuer.

Er glaubte, ich (habe ⇒) **h ä t t e** schon eine Stelle.
Sie meinte, wir (haben ⇒) **h ä t t e n** genug Zeit.

빈번히 사용하는 가정법 II 동사 변화형태
〈sein / haben / werden / bleiben / dürfen / sollen〉

ich	**wäre**	**hätte**	**würde**	**bliebe**	**dürfte**	**sollte**
du	wärst	hättest	würdest	bliebest	dürftest	solltest
er / sie / es	**wäre**	**hätte**	**würde**	**bliebe**	**dürfte**	**sollte**
wir	wären	hätten	würden	blieben	dürften	sollten
ihr	wäret	hättet	würdet	bliebet	dürftet	solltet
sie	wären	hätten	würden	blieben	dürften	sollten

7.3 명령화법[Imperativ]

명령법은 현재 대면하고 있는 인물(문법 2인칭)에게 명령[Befehl], 부탁[Bitte], 요구[Aufforderung], 조언[Ratschläge/Ermahnung] 또는 희망[Wunsch]사항을 표현하는 화법이다. 예를 들어,

〈(개에게 명령어를 줄 때) Sitz!〉⇒〈Sitz! Hier geblieben!〉

〈(아이에게 '이리 온'을 부탁 할 때) Komm!〉⇒〈Komm bitte her!〉

〈(특정행위에 대한 충고를 할 때) Hör auf!〉⇒〈Hör doch mit den Rauchen auf!〉

〈(헤어지는 상황에서 무사귀가를 희망할 때) Komm gut nach Hause!〉

등의 상황에서 사용한다. 우리가 사용한 명령법이 포함하는 '명령'과 '요구' 및 '부탁' 등의 기능과 경계구분은 낱말이 사용되는 환경과 억양에 따라서 그리고 낱말 〈bitte〉의 사용에 따라서 구분할 수 있다. 또한 '요구'나 '조언' 등은 원형부정법[Infinitiv]이나 화법조동사[Modalverb] 등의 다른 문법형태를 이용하여 표현할 수도 있다. 명령법의 술어형태는 2인칭 단수와 복수 및 존칭 세 가지 형태를 중심으로 사용한다.

명령법 인칭변화					
(단수)du	-(e)	(복수)ihr	-t	(존칭)Sie	-en

해당동사의 원형어간에 2인칭 단·복수 및 존칭변화어미를 추가해서 명령의미술어를 형성한다. 공손한 표현에서만 존칭주어를 사용하고 그 외의 경우에는 주어를 생략한다.

2인칭	직설법 현재형[Präsens Indikativ]	명령법[Imperativ]
단수	(du) mach(st)	**Mach** bitte die Tür zu!
복수	(ihr) lauft	**Lauft** doch schneller!
존칭	Sie legen den Sicherheitsgurt an.	**Legen** Sie den Sicherheitsgurt **an**!

명령법 술어동사는 항상 문장의 첫머리에 나오도록 하고, 복수형과 존칭은 직설법 현재 2인칭 변화형 어미와 동일한 형태를 사용해서 구성한다.

Komm**t** doch noch heute abend zu uns. (너희들) 오늘 저녁 우리한테 꼭 오렴.

Lass**t** das bitte sein! (너희들) 제발 그냥 놔둬라!

Hol**t** bitte das Salz aus der Küche. (너희들) 부엌에서 소금을 가져오렴.

Geh**t** doch mal ins Wohnzimmer. (너희들) 거실로 한번 가볼래.

Arbeit**en** Sie nicht soviel! 그렇게 많이 일하지 마세요. / 과로하지 마세요!

Ruf**en** Sie mich bitte im Büro an. 사무실로 전화하세요.

Sprech**en** Sie bitte mit Herrn Kim. 김 씨랑 말씀 나누어 보세요.

Fahr**en** Sie doch mit ihr nach Berlin. 그냥 그녀랑 베를린으로 여행하시지요.

Komm her! (너) 이리와!

일상대화에서는 위의 〈Komm her!〉에서처럼 2인칭 단수 명령형에서 인칭어미인 〈–e〉를 생략할 수도 있다.

Hol(e) doch bitte die Bücher. 책을 좀 가져와주렴.

Bring(e) doch bitte das Päckchen zur Post.
  소포를 좀 우체국에 가져가(부쳐)주렴.

Bleib(e) doch eine Stunde länger bitte. 1시간 만 좀 더 머무르렴.

하지만, 예를 들어 〈sich verabre**d**-en약속하다〉, 〈arbei**t**-en일하다〉, 〈öff**n**-en열다〉에서처럼 동사 어간이 〈-d-, -t-, -n-〉으로 마감되면 단수 인칭어미 〈–e〉를 생략하지 않는다.

Verabre**de** dich doch gleich. 바로 약속해버려.
Arbei**te** nicht soviel. 일 너무 많이 하지마.
Sesam öff**ne** dich! 열려라, 참깨!

〈geben주다〉, 〈essen먹다〉, 〈nehmen가지다〉와 같이 현재인칭변화에서 〈e〉가 〈i(e)〉로, 즉 동사의 어간모음이 전설(장)모음으로 변화되는 동사는 명령형에서도 같은 현상을 적용한다.

Gib mir bitte die Zeitung. 그 신문을 좀 주렴.
Iss bitte nicht so schnell. 급하게 먹지 마렴.
Lies das mal bitte. 읽어 보렴.

〈sein〉 동사의 명령형은 특별한 형태로 변화한다. '(약속)시간을 지키라'는 의미의 명령문장을 존칭(Sie)-단수(du)-복수(ihr)에 따라 구성하면

<table>
<tr><td>Seien</td><td>Sie</td><td rowspan="2">pünktlich!</td></tr>
<tr><td colspan="2">Sei / Seid</td></tr>
</table>

와 같다. 다른 독일어 조동사 〈haben〉과 〈werden〉은 명령법 인칭변화에 준해서 변형을 한다.

	du	**ihr**	**Sie**
sein	**Sei** nicht so böse! 나쁘게 생각하지마!	**Seid** doch nicht so böse! 나쁘게 생각하지마!	**Seien** Sie nicht so böse! 나쁘게 생각하지 마세요!

haben	**Hab** doch Geduld! 인내심을 가져!		
werden	**Werde** glücklich! 행복해라!		

이외에도 직설법 어형변화에서 동사어간이 변화하는 동사나 동사어미가 〈-eln〉이나 〈-ern〉으로 끝나는 동사의 명령형어미는 다음과 같이 구성한다.

fahren(du f**ä**hrst)	⇒ F**a**hr langsamer! 천천히 운전해라!
laufen(du l**äu**fst)	⇒ L**au**f zu Vater! 아빠에게로 달려!
schlafen(du schl**ä**fst)	⇒ Schl**a**f gut! 잘 자라!

änd**ern**	⇒ Änd*ere* das bitte nochmal! 다시 (한번) 더 바꿔주세요!
büg**eln**	⇒ Büg*le* nicht so heiß! 그렇게 뜨겁게 다림질하지 미세요!
kling**eln**	⇒ Kling*le* nicht so lange! Das Kind schläft! 벨을 오랫동안 우리지마세요. 아이가 잡니다.

8. 명사와 관사, 대명사

8.1 명사Nomen

이름어Namenswort, 핵심어Substantiv, 주요어Hauptwort 등 다른 이름으로도 불려지는 명사Nomen는 구체적인 또는 추상적인 내용에 이름을 부여하는 기능을 한다. 우리는 이들을 '생명체'와 '사물' 등 특정한 객체를 표시하는 보통명사Konkretum와 특정사안의 진행과정과 감정 및 느낌 그리고 특성 및 개념 등을 지칭하는 추상명사Abstraktum로 구분한다.

명사가 지칭하는 대상의 의미를 기본으로 개별명사가 문장에서 하는 역할에 따라 성-수-격Genus-Numerus-Kasus 변화를 준다. 이를 통해 문장에서의 역할을 규정한다.

Hans hat *einen **Hund***.

한스는 개 한 마리를(목적어: 남성-단수-4격) 키운다.

*Dieser **Hund*** ist groß und sehr lieb.

그 개는(주어: 남성-단수-1격) 크고 매우 순하다.

*Ein **Auto*** bleibt stehen.

자동차 한 대가(주어: 중성-단수-1격) 멈춰 서있다.

*Dieses **Auto*** bleibt immer noch *auf der **Straße*** stehen.

그 차가(주어: 중성-단수-1격) 아직도 길에(부사어: 3격 전치사구-장소) 멈춰 있다.

Wir haben *eine gute* ***Freundschaft***.

우리는 좋은 우정관계를(목적어: 여성-단수-4격) 가지고 있다.

Unsere ***Freundschaft*** ist sehr harmonisch.

우리의 우정관계는(주어: 여성-단수-1격) 아주 조화롭다.

Wir haben diesmal *ein* ***Glück***.

이번에 우린 운이(목적어: 중성-단수-4격) 좋다.

Das hast Du auch bestimmt.

너도 그 행운이(목적어: 중성-단수-4격) 틀림없이 있어.

Ich habe ***Angst*** vor dir.

나는 네 앞에서 두려움을(목적어: 여성-단수-4격) 갖는다.

Es ist *ein* ***Schicksal***.

이게 운명이지(주격보어: 중성-단수-1격).

8.2 성[Genus]-수[Numerus]-격[Kasus]

• 명사의 성[Genus des Substantives] : 문법적으로 표현되는 독일어 명사의 성[Genus]은 남성[Maskulinum], 여성[Femininum] 및 중성[Neutrum]으로 구분한다.[35] 이들은 '자연적인 성'과 일치하는 경우가 있다. 하지만 이들은 자연에서의 암-수관계와는 무관한 '문법적인 성'으로 '명사자체에 내재되어 있는 것'으로 이해한다. 예를 들어, 우리는 '사람'을 표현하는 낱말을 남성, 여성 그리고 중성으로 구분하여 표시할 수가 있다.

35) 최근에는 제 4의 명사성인 Divers가 제안되었다. 이에 대해서는 논의하지 않는다.

남성		여성
der Mann 남자		die Frau 부인
der Vater 아버지		die Mutter 어머니
der Bruder 형제		die Schwester 자매
der Sohn 아들		die Tocher 딸
der Lehrer 선생		die Lehrer-**in** 선생
der Schüler 학생		die Schüler-**in** 학생
der Mitarbeiter 직장동료		die Mitarbeiter-**in** 직장동료 /

중성
das Weib 여자, das Mädchen 소녀, das Kind 어린이, das Mitglied 회원

이런 분류조차도 명사의 '문법 성'을 몇몇 기준에 의해 고정하기는 쉽지 않음을 보여준다. 따라서 명사의 성을 어떤 정해진 관련성을 기준으로 규칙화 또는 일반화 한 구도에 의존해서 익히려 하기 보다는 오히려 예를 들어, 〈**das** Haus 집〉, 〈**der** Balkon 발코니〉, 〈**die** Küche 부엌〉, 〈**das** Zimmer 방〉 등에서와 같이 개별 낱말의 '성 표시 동반낱말'인 관사와 함께 개별낱말 의미를 파악해야 한다.[36)]

36) 독일어를 모국어로 사용하지 않는 상황에서 명사의 '문법 성'을 완벽하게 극복하기란 쉽지 않다. 이런 어려움을 극복하기 위한 시스템화는 여러 방법으로 시도되고 있다. 하지만 예외가 즐비한 시스템 자체가 완벽하지 않을 뿐만 아니라, 구분된 시스템을 다시 또는 추가로 익혀야 하는 이중고가 따른다. 이 때문에도 의사소통의 순간순간을 활용해야 하는 언어화용관점에서 만큼은 '명사 성'의 체계적인 구분과 이에 준한 학습은 오히려 유익하지 않을 수도 있다.

남성	여성	중성
der Mann 남자	die / eine Mutter 어머니	das / ein Kind 자녀
der / sein Sohn 아들	die / eine Tochter 딸 die / eine Schwester 자매	das / ein Mädchen 소녀
der / sein Tisch 책상		das / ein Buch 책 das / ihr Heft 공책 das / sein Büro 사무실
der / mein Glaube 믿음	die / eine Hoffnung 희망	das / mein Gefühl 느낌
der / dieser Hase 산토끼		ein / mein Pferd 말
	die / meine Faust 주먹 die / eine Norm 규정 die Regel 규칙 die Klugheit 현명함	das Fundament 토대 das Zeugnis 증명서
der Käse 치즈	die Soße 소스 die Suppe 국	das / mein Essen 음식
der Mond 달 der / ein Tag 날	die Sonne 태양	das Datum 날짜

명사의 성을 체계적으로 구분하기 위한 다양한 시도 끝에 항상 당면하는 예외에도 불구하고, 우리가 독일어에서 사용되는 명사의 의미[Bedeutung]와 어형[Wortform]에만 의존해서 명사의 성에 대한 대강을 구성할 수가 있다.

• 의미에 따른 구분

남성	여성	중성
: 요일, 월, 계절		: 비인칭 명사화 명사
der Frühling 봄 der Sommer 여름 der Herbst 가을 der Winter 겨울 ***-aber-*** ***die*** Woche 주, ***das*** Jahr 년		das Baden 목욕 das Leben 삶 das Gute 좋은 것 das Neue 새로운 것 das Englische 영국 풍 das Grüne 녹색
: 하늘 방향		
der Osten동, der Süden서 der Westen남, der Norden북		
: 자동차 총칭	: 배, 비행기 명칭	
der BMW der VW der Mercedes	die Europa die Bremen die Boeing die Iljuschin	

• 어형에 따른 구분

남성	여성	중성
: 낱말 끝 〈-en〉	: 낱말 끝 〈-heit〉〈-keit〉 〈-schaft〉〈-ung〉	: 낱말 끝 〈-lein〉〈-chen〉
der Haf-**en** 항구 der Kuch-**en** 케익 der Lad-**en** 가게 der Schad-**en** 손해 der Wag-**en** 차량	die Gelegen-**heit** 건강 die Schwierig-**keit**어려움 die Gesell-**schaft** 사회 die Verantwort-**ung**책임	das Büch-**lein** 소책자 das Mäd-**chen** 소녀 das Bild-**chen** 그림소품 das Hüt-**chen** 소모자
	: 낱말 끝 〈-enz〉〈-ie〉〈-ik〉 〈-tät〉〈-ion〉	: 낱말 끝 〈-(i)um〉〈-ment〉
	die Konfer-**enz** 회의 die Akadem-**ie** 학교 die Fabr-**ik** 공장 die Reali-**tät** 현실 die Diskuss-**ion** 대화 ***-aber-*** das Stad-**ion** 경기장	das Stud-**ium** 학업 das Argu-**ment** 증명 das Experi-**ment** 실험

여기에서도 〈der Tag 날〉을 포함하는 요일명칭인 〈der Mon-tag 월요일〉, 〈der Diens-tag 화요일〉, 〈der Mittwoch 수요일〉, 〈der Donners-tag 목요일〉, 〈der Frei-tag 금요일〉, 〈der Sams-tag(Sonn-abend) 토요일〉, 〈der Sonn-tag 일요일〉은 남성명사로 구분한다. 또한 요일명칭과 같이 매월명칭을 표시하는 〈der Januar 1월〉, 〈der Februar 2월〉, 〈der März 3월〉, 〈der April 4월〉, 〈der Mai 5월〉, 〈der Juni 6월〉, 〈der

Juli 7월〉, 〈der August 8월〉, 〈der September 9월〉, 〈der Oktober 10월〉, 〈der November 11월〉, 〈der Dezember 12월〉도 '남성'임을 확인할 수 있다 하지만, 이들의 명칭을 포함하는 시간표시단위인 〈주: ***die*** Woche〉와 〈년: ***das*** Jahr〉은 '남성'이 아닌 '여성'과 '중성'임을 관찰할 수 있다.[37)]

이런 관찰은 '명사의 성'을 규칙성을 근간으로 분류하려는 시도가 무모하다는 것을 시사한다. 또한 '명사의 성'은 체계적인 분류를 위한 의미적인 최소규칙조차도 충족시키지 않을 수 있음을 보여주는 예로도 이해할 수 있다. 이런 최소조건의 미 충족은 '어형'에만 의존한 경우에서도 나타난다. 예시낱말의 끝부분 〈문자〉가 〈-enz〉, 〈-ie〉, 〈-ik〉, 〈-tät〉로 끝나는 명사는 '여성' 그리고 〈-(i)um〉, 〈-ment〉로 끝나는 명사는 '중성'이라는 공통점을 관찰할 수 있다. 하지만, 여기에서도 '여성'으로 분류될 수 있는 〈-ion〉 어미명사의 〈die Diskuss-**ion** 대화〉의 대비 쌍 〈**das** Stad-**ion** 경기장〉의 '문법 성'이 '중성'인 것은 체계적인 분류의 또 다른 저해요소로도 파악할 수 있다. 낱말 끝부분의 특징적인 〈문자조합〉을 분류기준으로 설정해서 관찰한 명사들이 전반적으로 라틴어, 그리스어, 프랑스어를 모태로 하는 외래어라는 공통점을 제외한 다른 체계적인 특징은 파악되지 않는다.[38)]

동일한 철자를 가진 명사기능낱말들은 명사자체에 내재화된 '문법

37) 〈der Boss 두목〉, 〈der Gast 손님〉, 〈der Mensch 인간〉, 〈der Kerl 녀석〉과 같은 몇몇의 남성명사들은 '자연 성'인 남녀 모두를 아우르는 의미특성을 갖는다.

38) 이런 명사들은 특히 유래된 언어의 [원래발음]을 기반으로 발화되는 경향을 보이기 때문에 면-대-면 의사소통을 할 때 [발화소리]에 유념해야 한다.

성'의 특징 때문에, '문법 성'이 서로 다를 경우 대비 쌍과 전혀 다른 문법·의미적인 배경을 가진 낱말역사를 포함할 수 있다.[39] 우리는 이들의 예를

〈 **die** Leiter 사다리 〉	:	〈 **der** Leiter 부(팀)장 〉
〈 **der** See 호수 〉	:	〈 **die** See 바다 〉
〈 der Gehalt (이념)내용 〉	:	〈 das Gehalt 봉급 〉

등과 같은 부류로 구분할 수 있다.

2개 이상의 명사를 함께 조합하여 다른 개별명사로 사용하는 경우에는 합해진 낱말의 마지막 부분의 명사 성^Genus을 따라 '문법 성'을 구성한다.

낱말 1	+	낱말 2	→	낱말 3
der Lärm 소음	+	das Flugzeug 비행기	→	**der** Flugzeug-Lärm
die Abteilung 부서	+	der Export 수출	→	**die** Export-Abteilung
das Geschäft 회사	+	die Lebensmittel 식료품	→	**das** Lebensmittel-Geschäft

우리는 관사^Artikel를 '명사를 동반하는 성 표시 대표낱말'로 이해한다. 내용이 이미 '알려져 있음을 표시'할 때는 정관사^bestimmter Artikel를 함께 사용하고, 지금 소개되는 내용이 '새로 도입됨' 또는 청자가 '아직은 내용을 모르고 있어 계속 설명할 것임'을 나타내는 경우에는 부정관사

39) 따라서 명사와 그 의미는 성을 표현하는 정관사 〈 der, die, das 〉와 함께 기억하는 것이 낱말화용을 위해 더 편리할 수 있다.

[unbestimmter Artikel]를 함께 사용한다. 이미 청자가 알고 있음을 전제하고 이를 지시하는 경우에는 지시대명사[Demonstrativ pronomen]를 그리고 소유를 표시하는 경우에는 소유대명사[Possessiv pronomen]를 명사와 함께 사용한다.

명사를 동반하는 낱말의 종류와 기능	
정관사	〈der〉: 남성표시, 〈die〉: 여성표시, 〈das〉: 중성표시
지시대명사	〈dies**er**〉: 남성표시, 〈dies**e**〉: 여성표시, 〈dies**es**〉: 중성표시
부정관사	〈ein〉: 남성표시, 〈ein**e**〉: 여성표시, 〈ein〉: 중성표시
소유대명사	〈**m**ein〉: 나의, 〈**d**ein〉: 너의, 〈**s**ein〉: 그의 / 그(중성)의, 〈ihr〉: 그녀의

우리는 명사동반낱말[Begleiter von Nomen]을 통해 '문법 성'을 표시하고, 이들의 '격[Kasus]' 변화형을 통해 문장 안에서의 기능과 역할을 부여한다.

'〈동반낱말〉+〈명사〉'의 형태로 구성되는 말뭉치 / 명사구를 사용할 때는 '명사동반낱말의 격'을 바탕으로 이들이 어떤 '문장구성성분(예를 들어 주어, 목적어, 부사어 등)'인지 또는 어떤 '문장구성성분의 일부(예를 들어 소유격, 부사어수식형태)'인지를 판단하게 하는 기능을 내포시킨다.[40]

40) '명사의 성'과 문법기능을 표시하는 명사동반낱말은 언어형태와 관련된 관점에서는 언어소통을 위해 주요의미전달기능을 담당하는 '명사가 뒤따르고 있음'을, 경우에 따라서는 언어경제적인 요인에 의해 '생략되어 있음'을 표시한다. 동시에 언어화용관점에서는 '이야기 되고 있는 명사'가 언어소통 당사자들에게 '알려져 있음' 또는 '알려져 있지 않음'을 함께 내포한다.

명사 동반 낱말 ⇢ 〈 격[Kasus] 변화 〉⇢ 문장 구성 성분
Der **Bus** bleibt stehen. (정관사 ⇢ 〈*1격/주격*〉⇢ 주어: 남성-단수)
Hans hat *einen* **Hund**. (부정관사 ⇢ 〈*4격/목적격*〉⇢ 목적어: 남성-단수)
Wir haben *eine* gute **Freundschaft**. (부정관사 ⇢ 〈*4격/목적격*〉⇢ 목적어: 여성-단수)
Ich habe heute **Glück**. (부정관사 ⇢ 〈*4격/목적격*〉⇢ 목적어: 중성-단수)
Er fährt mit *dem* **Auto** *meines* **Bruders**. (전치사 + 정관사 ⇢ 〈*3격/여격*〉⇢ 부사어: 중성-단수) + (소유대명사 ⇢ 〈2격/*소유격*〉⇢ 부사어일부: 남성-단수)

또한 우리는 '명사동반낱말'을 통해 명사의 3개의 '성'과 4개의 '격'변화형 이외에도 이들의 '수'를 단-복수로 구분하여 표시한다.

• 명사의 수[Numerus des Substantives] : 독일어 명사는 단수와 복수형태를 구분한다. 우리말에는 단수-복수 구분이 낱말에는 반영되지 않고 복수 표시 어형인 '들' 또는 '여러/렷'을 첨가하여 표시하기 때문에 우리가 독일어 언어화용에서 '동사의 단수-복수'와 함께 가장 빈번하게 간과하는 문법형태이다.

독일어에서 몇몇의 명사는 항상 단수 형태이거나 복수 형태로만 존재한다.

항상 단수	물품명칭[Stoffnamen] → das Eis 아이스크림 / 얼음, der Kaffee 커피, die Salami 살라미 소시지, der Tee 차, der Whisky 위스키
	모둠명칭[Sammelnamen] → der Schnee 눈, das Vieh 가축, der Regen 비, die Bevölkerung 국민, das Gepäck 여행 짐, die Polizei 경찰, das Publikum 청중
	추상명칭[Abstrakta] → der Durst 갈증, der Hunger 배고픔, das Tempo 속도, der Verkehr 교통, 거래, das Wetter 날씨, die Abschaffung 폐지, der Bedarf 필요, die Erholung 회복, das Glück 운/행복
	원형동사명사[Substantivierte Infinitive] → das Tischtennisspielen 탁구치기, das Skifahren 스키타기, das Staubsaugen 진공청소기돌리기

항상 복수	인물복수개념[Personenpluralbegriff] → 〈 die Eltern 부모 〉, 〈 die Leute 사람들 〉, 〈 die Geschwister 형제자매 〉
	지명[Geographische Namen] → die Alpen 알프스, die USA 미국, die Niederlande 네덜란드
	그 외[Sonstige] → die Lebensmittel 식료품, die Antiquitäten 골동품, die Festspiele 축제 공연, die Unterlagen 증빙자료, die Kenntnisse 지식, die Kosten 비용, die Ferien 방학, die Möbel 가구, die Papiere 증명서류

단수명사의 변화를 표현할 때는 성[Genus]과 격[Kasus]에 따라 동반하는 낱말, 예를 들어 정관사, 부정관사, 지시대명사, 소유대명사 및 동반하는 형용사를 변화시킨다. 복수명사는 '명사의 성'과는 관계없이 복수

를 나타내는 명사동반낱말을 통해 복수를 표현하고, 이를 '격'에 맞게 변화시킨다. 3격일 경우에는 낱말에 따라 명사자체도 함께 변화시킨다. 명사를 동반하는 정관사 〈der, die, das〉를 중심으로 단수·복수 격변화를 구성하면 다음과 같다.[41)]

복수	주격	소유격	여격	목적격
	die	der	de*n*	*die*
(도움질문)	*wer-was*	wessen	we*m*	*wen-was*

남성	**der**	**d*es***	**dem**	**den**
여성	*die*	der	der	*die*
중성	*das*	d*es*	dem	*das*

우리는 독일어 단수명사를 다양한 방법으로 복수명사로 전환할 수 있다. 이런 전환을 〈낱말 어형변화〉, 〈외래어 낱말〉, 〈특별한 경우〉 등의 기준으로 구분할 수 있다.

41) 복수를 표현하는 정관사 〈die〉의 격변화를 통해 동반되는 명사가 문장 안에서 어떤 기능을 하고 어떤 변화를 하는지 표시한다. 명사의 '성-수-격'을 표시하는 정관사를 명사를 동반하는 낱말로써 살펴보면 '여성, 중성, 복수형의'의 1격과 4격이 동일한 형태를 갖는 것을 관찰할 수가 있다. 그럼에도 불구하고 이들 명사 격변화 형태들은 문장에서의 고유한 역할과 기능을 표시하는 것으로 이해한다. 주격은 우리말의 〈…은/는/이/가〉, 소유격은 〈…의〉 그리고 여격 및 3격 목적격은 〈…에게〉 그리고 4격 목적어는 〈…를/을〉로 이해되거나 전환될 수 있다.

• 〈낱말 어형변화〉 복수전환

어형 변화가 없는 복수전환 : 〈der Pullover〉 → 〈**die** Pullover〉

der Autofahrer 자동차 운전자, der Bürger 시민, der Einwohner 거주민, das Fenster 창문, das Gebäude 건물, der Keller 지하실, das Mädchen 소녀, der Pullover 쉐터, der Schüler 학생, das Unternehmen 회사/시도, der Wagen 자동차, das Zimmer 방

변모음 〈¨〉을 사용한 복수전환 : 〈der Mantel〉 → 〈**die** Mäntel〉

der Bruder 형제, der Flughafen 공항, der Mantel 외투, die Mutter 어머니, die Tochter 딸

어미 〈-e〉를 첨가한 복수전환 : 〈der Tag〉 → 〈**die** Tage〉

der Bericht 보고, der Brief 편지, das Brot 빵, das Flugzeug 비행기, das Geschenk 선물, das Getränk 음료, der Preis 가격, der Tag 날

* 문자 〈-nis〉로 끝나는 중성명사의 복수형은 〈-nis-se〉가 됨

das Erleb**nis** 경험 → die Erleb**nis-se**

das Ergeb**nis** 결과 → die Ergeb**nis-se**

das Zeug**nis** 증명서 → die Zeug**nis-se**

변모음 〈¨〉과 어미 〈-e〉를 첨가한 복수전환 : 〈der Platz〉 → 〈**die** Plätze〉

der Anzug 양복, der Ausflug 소풍, der Arzt 의사, der Bahnhof 역, der Flug 비행, der Gast 손님, der Platz 자리 / 광장, der Satz 문장, der Sohn 아들, der Zug 기차

* 문자 〈-ß〉으로 끝나는 명사의 복수형에는 〈-¨sse〉가 됨

die Nu**ß** → die N**üsse**

어미〈-er〉를 첨가한 복수전환 :〈das Kind〉→〈**die** Kinder〉

das Bild 그림, das Kind 아이/자식, das Schild 표지판

변모음〈¨〉과 어미〈-er〉를 첨가한 복수전환 :〈das Haus〉→〈**die** Häuser〉

das Buch 책, das Dach 지붕, das Dorf 마을, das Gehalt 내용, das Glas 유리잔, das Haus 집/단독주택, das Land 땅, der Mann 남자, das Motorrad 오토바이, das Postamt 우체국

어미〈-(e)n〉을 첨가한 복수전환 :〈der Student〉→〈**die** Studenten〉
〈die Stunde〉→〈**die** Stunden〉

die Anzeige 서면광고, die Briefmarke 우표, die Dame 부인, die Empfehlung 추천, die Fabrik 공장, die Familie 가족, die Frau 부인, der Junge 소년 → **die** Jungen/Jungs, der Mensch 인간, die Minute 순간, der Name 이름, die Reise 여행, die Schule 학교, der Student 학생, die Stunde 시간, die Wohnung 공동주택 거주지/아파트

* 문자〈-in〉으로 끝나는 명사의 복수형은〈-in-nen〉이 됨
die Lehrer**in** 여선생 → die Lehrer**in**-**nen**
die Freund**in** 여자친구 → die Freund**in**-**nen**

어미〈-s〉를 첨가한 복수전환 :〈der Krimi〉→〈die Krimis〉

das Auto 자동차, das Hotel 호텔, das Kino 영화관, der Krimi 범죄 극/영화/소설, das Radio 라디오, das Restaurant 식당, das Studio 스튜디오, das Ticket 표

* 줄여진 낱말의 복수형

der PKW 승용차 → die PKWs

der LKW 화물차 → die LKWs

der BMW 배엠베 → die BMWs

이들 복수전환 유형을 다음과 같이 요약할 수 있다.

단수낱말 변형 방법		복수낱말 전환 예시		
-	변형 없음	der Pullover	→	die Pullover
..	변모음 〈··〉 사용	der Mantel	→	die Mäntel
-e	어미첨가 〈-e〉	der Tag	→	die Tage
..e	어미첨가 〈-e〉와 변모음 사용	der Platz	→	die Plätze
-er	어미첨가 〈-er〉	das Kind	→	die Kinder
..er	어미첨가 〈-er〉와 변모음 사용	das Haus	→	die Häuser
-(e)n	어미첨가〈-(e)n〉	der Student die Stunde	→	die Studenten die Stunden
-s	어미첨가 〈-s〉	der Krimi	→	die Krimis

• 〈외래어 낱말〉 복수전환

라틴어, 영어, 프랑스어를 기반으로 유래하는 독일외래어의 복수전환은 관련 낱말의 '마지막 문자들의 구성'과 관련시킬 수 있다.[42]

〈-är〉, 〈-eur〉 (남성명사) + 어미 〈-e〉		
der Million-**är** 백만장자	→	**die** Million-**är-e**
der Ingeni-**eur** 엔지니어	→	der Ingeni-**eur-e**

42) 외래어 명사를 구성하는 문자들의 조합 및 그 형태에 따라 '문법 성'을 규정할 수 있는 경향을 띈다. 예를 들어, '외래어 낱말의 끝부분 문자구성'이 〈-enz〉, 〈-ie〉, 〈-ik〉, 〈-tät〉의 조합 · 형태를 보이면 '여성' 그리고 〈-(i)um〉, 〈-ment〉 조합을 보이면 '중성' 등으로 파악할 수 있다. 어형에 따른 명사의 성 구분을 참조.

〈-ment〉(중성명사)	+	어미〈-e〉
das Argu-**ment** 담론	→	die Argu-**ment-e**
das Experi-**ment** 실험	→	die Experi-**ment-e**

〈-oge〉(직업표시 남성명사) 〈-ant〉,〈-ent〉,〈-ist〉(남성명사)	+	어미〈-(e)n〉
der Geol-**oge** 지질학자	→	die Geol-**oge-n**
der Psychol-**oge** 심리학자	→	die Psychol-**oge-n**
der Demonstr-**ant** 시위자	→	die Demonstr-**ant-en**
der Pass-**ant** 보행자	→	die Pass-**ant-en**
der Dirig-**ent** 지휘자	→	die Dirig-**ent-en**
der Poliz-**ist** 경찰관	→	die Poliz-**ist-en**
der Journal-**ist** 언론인	→	die Journal-**ist-en**

〈-enz〉, 〈-ie〉, 〈-ik〉, 〈-tät〉(여성명사) 〈-ion〉(여성, 중성)	+	어미〈-(e)n〉
die Konfer-**enz** 컨퍼렌쓰	→	die Konfer-**enz-en**
die Akadem-**ie** 아카데미	→	die Akadem-**ie-n**
die Graph-**ik** 그래픽	→	die Graf-**ik-en**
die Aktivi-**tät** 행위	→	die Aktivi-**tät-en**
die Diskuss-**ion** 대화	→	die Diskuss-**ion-en**

〈-(i)um〉(중성명사) → 〈-(i)um〉	+	어미〈-en〉
das Gymnas-**ium** 김나지움	→	die Gymnas-**i-en**
das Stad-**ium** 단계	→	die Stad-**i-en**
das Zentr-**um** 센터	→	die Zentr-**en**

〈영어 외래어〉 + 어미〈-(e)s〉/〈-ies〉		
der Club	→	die Club-**s**
das Hobby	→	die Hobb-**ies**〉/〈die Hobby-**s**
die Party	→	die Part-**ies**〉/〈die Party-**s**
das Team	→	die Team-**s**

라틴어/프랑스어 외래어 + 어미〈-s〉		
das Büro	→	die Büro-**s**
der Chef	→	die Chef-**s**
das Foto	→	die Foto-**s**
das Kino	→	die Kino-**s**
der Park	→	die Park-**s**
das Radio	→	die Radio-**s**
das Studio	→	die Studio-**s**

이들〈외래어 낱말〉복수전환을 다음과 같이 요약할 수 있다.

<table>
<tr><th colspan="3">단수낱말 변형방법</th><th colspan="3">복수전환 낱말예시</th></tr>
<tr><td>〈-är〉,〈-eur〉 남성</td><td rowspan="2">+</td><td rowspan="2">〈-e〉</td><td>der Millionär</td><td>→</td><td>die Millionär-e</td></tr>
<tr><td>〈-ment〉 중성</td><td>das Argument</td><td>→</td><td>die Argument-e</td></tr>
<tr><td>〈-oge〉,〈-ant〉,
〈-ent〉,〈-ist〉 남성</td><td rowspan="2">+</td><td rowspan="2">〈-(e)n〉</td><td>der Geologe</td><td>→</td><td>die Geologe-n</td></tr>
<tr><td>〈-enz〉,〈-ie〉,
〈-ik〉,〈-ion〉,
〈-tät〉 여성</td><td>die Konferenz</td><td>→</td><td>die Konferenz-en</td></tr>
<tr><td>중성〈-(i)um〉</td><td>→</td><td>〈en〉</td><td>das Gymnasium</td><td>→</td><td>die Gymnas-i-en</td></tr>
<tr><td>영어</td><td rowspan="2">+</td><td rowspan="2">〈-s〉</td><td>die Party</td><td>→</td><td>die Part-i-es</td></tr>
<tr><td>라틴어, 프랑스어</td><td>der Park</td><td>→</td><td>die Park-s</td></tr>
</table>

• 〈특별한 경우〉 복수전환

독일어 〈der Mann 남자〉의 복수형은 〈die Männ-**er**〉다. 하지만 이 낱말은 언어의 중립적인 사용경향으로 인해 우리가 두 개 이상의 명사로 복합형을 만드는 경우, 〈-mann〉 (남성명사)가 〈-leute 사람들〉이라는 중립경향을 띄는 복수명사로 변화하는 경향을 띈다. 즉, 〈der Mann 남자〉를 단독 복수형을 〈die Männer 남자들〉로 만들어 사용하지만, 다른 낱말과 함께 결합해서 사용하는 복합어에서는 〈die Leute 사람들〉을 복수형으로 사용한다.

〈-mann〉 (남성명사) → 〈낱말-〉+〈-**leute** 사람들〉		
der Fach-mann	→	die Fach-**leute**
der/die Kauf-mann/-frau	→	die Kauf-**leute**

복수명사를 포함하는 모든 명사는 문장 안에서 주어, 목적어, 부사어 등과 같은 기능을 갖는다. 일반적으로 이런 기능은 명사의 '격'에 반영되어 표현한다. 따라서 문장에서 명사기능을 표현할 때는 명사를 동반하는 낱말들인 〈정관사〉, 〈부정관사〉, 〈소유대명사〉, 〈지시대명사〉, 〈형용사〉 등의 격Kasus을 변형해서 표현한다. 이때 명사에 따라서는 여격의 끝에 〈-n〉을 첨가하는 것처럼 명사자체를 변화시킨다.

• 명사의 격Kasus des Substantives : 명사기능을 갖는 낱말은 문장 안에서 주어Subjekt와 목적어Objekt 및 부사어Advebial 등의 기능을 갖고 문장을 구성한다. 우리는 독일어를 사용할 때 이들이 어떤 문장구성요소가 되는지에 따라, 즉 의사소통을 위한 구성성분으로 어떤 역할을 하는지에

따라 여러 가지 격을 구분해서 부여하고, 이 역할에 따라 명사낱말뭉치를 변형시킨다. 이 변형을 통해 문장에서의 명사기능을 조정한다. 우리가 문장에서 사용하는 목적어와 부사어는 우리가 어떤 동사를 문장술어로 선정하는지에 따라 선택적으로 변화한다.

문장에서의 역할 및 명사의 격^Kasus		
주어		→ 주격/1격
4격 목적어 ⇐	〈essen 먹다〉, 〈haben 가지다〉, 〈lieben 사랑하다〉	→ 목적격/4격
부사어	〈den ganzen Tag 하루 종일, 하루를〉	
3격 목적어 ⇐	〈geben 주다〉, 〈kaufen 사다〉, 〈schenken 선물하다〉, 〈senden 보내다〉	→ 여격/3격
2격 목적어 ⇐	〈andenken 기억하다〉, 〈bedürfen 필요로 하다〉 〈gedenken 추모하다〉	→ 소유격/2격
부사어	〈des / meines Vaters 내 아버지의, 소유표시〉 〈des Tages 하루의, 시간표시〉	

명사변화의 핵심에는 언제나 '성-수-격' 변화가 함께 한다. 특히 명사의 격^Kasus^은 '명사를 동반하는 낱말'을 통해 표시한다. 따라서 예를 들어 명사의 정관사 변화는 문장에서 명사의 기능변화를 짐작할 수 있게 한다.

남성	**der**	**d*es***	**dem**	**den**
여성	*die*	der	der	*die*
중성	*das*	d*es*	dem	*das*

명사에 따라서는 특히 남성과 중성 단수 소유격 끝에 〈-s/(e)s〉가 첨가되고, 또한 〈-e〉로 끝나는 남성명사의 복수여격의 끝에는 〈-n〉이 첨가되기도 한다. 이런 특성은 '관사 격변화'를 통해 관찰할 수가 있다.

8.3 관사[Artikel]

관사는 명사와 함께 나타나는 명사동반어의 한 부류로 관사는 정관사[Bestimmter Artikel]와 부정관사[Unbestimmter Artikel] 그리고 무관사[Null Artikel]로 이해한다. 정관사는 〈der, die, das〉로 부정관사는 〈ein, eine, ein〉의 형태로 표시되고, 명사 앞에 〈관사 없음〉을 '무관사'로 본다. 관사는 귀속되는 명사 앞이나 가까운 위치에서 명사의 격[Kasus]-수[Numerus]-성[Genus]'을 표시한다.[43]

8.3.1 정관사[definiter/bestimmter Artikel]

앞에서 진행된 대화나 텍스트에서 '이미 언급된 것으로 인식/추정되는 사실'과 '알려진 부류전체를 일반화'하여 표시할 때는 정관사를 사용한다.

---

43) 관사의 격변화는 동반하는 명사가 문장에서 어떻게 사용되었는지, 즉 '주어'역할을 하는지 '목적어' 역할인지 또는 '문장의 어느 구성성분에 속하는지를 표시하는 역할'도 한다. 이런 명사동반어의 역할로 인해서 독일어 문장 구성성분의 어순이동은 예를 들어 영어에 비해 비교적 자유롭다.

Der Klassenlehrer der Klasse 2 heißt Schneider.

2학년 담임 선생님은 슈나이더 입니다.

Ich habe mir **ein Auto** gekauft. ***Die*** *Maschine* hat 400 PS.

나는 자동차 한대를 샀다. 그 (자동차의) 엔진은 400마력이다.

Der *Löwe* ist ein Raubtier.

사자는 (한 종류의) 맹수다.

'한번 주어지는 특정한 시간/사물 및 특정인물을 표시'할 때 그리고 '최상급과 차례를 표현하는 숫자 앞'에서는 정관사를 사용한다.

In ***der*** *zweiten Urlaubswoche* erholt man sich am besten.

두 번째 휴가 주에 쉬기가 가장 편합니다.

Das ist ***das*** *höchste Gebäude* der Welt.

이는 세상에서 가장 높은 건물입니다.

Das ist ***der*** *schnellste Wagen* dieser Stadt.

이것은 이 도시에서 가장 빠른 자동차입니다.

Die *Frau* möchte ich gerne kennenlernen. 그 부인을 꼭 사귀고 싶다.

Den *Film* möchte ich mir gerne ansehen. 그 영화를 꼭 보고 싶다.

격-수-성[Kasus-Numerus-Genus] 에 따른 정관사변화는 다음과 같다.

성\격	주격	소유격	여격	목적격
남성	der	d*es*	dem	den
여성	die	der	der	die
중성	das	d*es*	dem	das
복수	die	der	de***n***	die

8.3.2 부정관사 indefiniter/unbestimmter Artikel

부정관사는 현재 언어소통상황에서 '처음으로 소개되는 (한 개의 ein) 대상' 앞에서 사용한다. 따라서 복수형 부정관사는 존재하지 않는다. 복수형 질문에 대답을 할 때에만 제한된 복수형을 사용한다.

Es war einmal ***eine*** Prinzessin. Sie war wunderschön.
 옛날에 (한) 공주가 살았다. 그녀는 참 아름다웠다.
Ich fahre *mit* ***einem*** Bus nach Hause.
 나는 버스를 타고 집으로 갔다.
Sie hat ***einen*** Mantel gekauft, der mir nicht gefällt.
 그녀는 내 맘에 들지 않는 외투(하나)를 구입했다.
Sie wünscht sich ***eine*** Handtasche.
 그녀는 핸드백(하나)을 원한다.
Wir haben noch ***eine*** Stunde Zeit.
 우리는 아직 한 시간 여유가 있다.

복수형 부정관사는 존재하지 않지만 복수형을 부정해야 할 때는 〈nicht〉 + 〈ein〉의 형태인 〈kein-〉을 사용한다.

A: Haben Sie **Kinder**? 자녀들이 있으신가요?
B: Nein, ich habe ***kein-e*** *Kinder*. 아니오, 전 아이들이 없답니다.

부정관사를 이용하여 단수로 사용한 명사를 다시 동일한 대화환경에서 복수로 사용할 때는 관사 없이 사용한다.

A: Ich habe noch ***ein-e*** *Frage*. (단수) 질문이 있습니다.

B: (…). Ist das die Antwort auf ihre Frage? (…). 귀하 질문에 답이 되나요?

Haben Sie noch ***Fragen***? (복수) 또 다른 질문 있으십니까?

A: Ich möchte mir ***ein-en*** *Gebrauchtwagen* kaufen. (단수)

내가 중고차 한대를 사려고 합니다.

B: Ja? Er verkauft ***Gebrauchtwagen***.(복수)

그래요? 저 사람이 중고차 판매합니다.

부정관사로도 일반화를 할 수 있다. 특히, 한 개체/사물이 전체/종류의 의미를 표시할 때 사용한다.

Ein Löwe ist **ein** Raubtier. 한(마리) 사자는 맹수의 한(종류)다.

Ein Koreaner hätte es anders gemacht. (한) 한국인이었으면 다르게 했을 텐데.

'격-수-성[Kasus-Numerus-Genus]'에 따른 부정관사변화는 다음과 같다.

성\격	주격	소유격	여격	목적격
남성	ein	ein***es***	einem	einen
여성	eine	einer	einer	eine
중성	ein	ein***es***	einem	ein
(복수)	eine	einer	eine***n***	eine

8.3.3 무관사[Null-/ohne Artikel]

사회 · 관습경험에 의해 정해진 의미를 갖는 사실/객체/개념'과 '불특정 양을 포함하는 명칭' 등 '별도설명 없이도 이미 그렇게 알려진 것으로 이해되는 것을 표현할 때' 사용한다. 또한 직업, 종교, 축제, 지리적 명칭은 일반지식으로 이해하고 관사를 사용하지 않는다.

〈불특정 양을 포함하는 명칭〉 : 일반적으로 관사를 사용하지 않는다.

Er trinkt gern ***Wein***. 그는 포도주 마시기를 좋아한다.
Haben wir noch ***Bier***? 우리 맥주 더 있습니까?
Brauchen wir noch ***Brot***? 우리 빵이 더 필요합니까?

－하지만 특정단위를 표시할 때는 관사를 사용한다.

Ich habe ***ein-e*** **Flasche Bier** getrunken. 나는 맥주 1병을 마셨다.
Nachmittags trinken wir ***Kaffee*** und essen (***ein-en***) **Kuchen** dazu.
우리는 (늘) 오후에 커피를 마시면서 케익을 먹는다.

〈직업〉 : 일반적으로 관사를 사용하지 않는다.

Mein Vater ist ***Lehrer***. 제 아버님은 교사입니다.
Sie wird ***Sekretärin***. 그녀는 비서가 됩니다.
Ihre Ausbildung ***als Pilotin*** war teuer. 그녀의 비행사 교육은 비쌌습니다.
Er arbeitet ***als Maschinenbauer***. 그는 기계제작자로 일합니다.

－하지만 직업에 '형용사를 추가하여 특정/수식하고 싶을 때'는 관사를 사용한다.

Er ist ***ein*** *guter* ***Lehrer***. 그는 (한명의) 좋은 교사입니다.
Sie ist ***die*** *neue* ***Sekretärin des Chefs***. 그녀는 사장실 새 여비서입니다.

〈사회·관습적 의미를 갖는 사실/객체/개념〉: 일반적으로 관사를 사용하지 않는다.

Er hat ***Geld/ Zeit***. 그는 돈이/ 시간이 있다.

Der Zug hat ***Verspätung***. 기차가 연착한다.

－하지만 무관사로 사용된 낱말을 부정할 때는 관사를 붙인다.

Er hat ***kein*** *Geld*/ ***kein-e*** *Zeit*.

Der Zug hat ***kein-e*** *Verspätung*.

〈관용어법〉: 일반적으로 관사를 사용하지 않는다.

목적격 명사를 술어와 함께 연계하여 관용적으로 표현하고 싶을 때도 관사 없이 사용한다.

Es ist ***Sommer***. → Es ist **schon** Sommer.

(→ 벌써) 여름이다.

Sie fährt ***Ski***. → Sie fährt **gerne** Ski.

그녀는 스키를 (→ 즐겨) 탄다.

Ich habe ***Urlaub***. → Ich habe **14 Tage** Urlaub.

나는 (→ 14일) 휴가 중이다.

Er liest **Zeitung**. → Er liest **jeden Morgen/ Abend** Zeitung.

그는 (→ 매일 아침/ 저녁) 신문을 읽는다.

Ich habe ***Hunger*** (= Ich bin hungrig). → Ich habe **immer** Hunger.

나는 배고프다. → 나는 항상 배고프다.

목적격을 형용사와 함께 사용해서 규정하거나 강조 및 확인하려는 의도를 표현하려면 **정관사**와 함께 사용한다.

Ich habe immer ***den*** *größten* ***Hunger*** (vor allem), wenn ich nach **Hause** komme.
집에 오면 나는 항상 (그 무엇보다도) 배가 많이 고프다.
Er liest ***die*** *Süddeutsche* ***Zeitung***.
그는 그 남부독일신문을 읽는다.

형용사와 함께 특정함을 규정하거나 강조 및 확인하는 의도를 표현하려거나, 이에 더해 관계문장으로 설명을 부가하려면 합해진 정관사가 아닌 분리된 정관사를 사용한다.

Er war gestern ***im Kino***. (어느 영화관이든) 그는 어제 영화관에 갔다.
Warst du schon **in** ***dem*** *neuen* ***Kino***. (그 새로운 영화관)
너 벌써 그 새 영화관에 가봤니?
Kommt doch ***am*** *nächsten* ***Wochenende***. (어느 주말이든 다음 주말)
다음에 오는 주말에 좀 오렴.

An ***dem*** *nächsten* ***Wochenende*** bin ich zu Hause. (이야기와 관련된 다음 주말)
그 주말에 집에 있습니다.
Ich war **in** ***dem*** **Restaurant, das** du mir gezeigt hast.
네가 말해준/보여준 그 식당에 가봤어.
Bis zu ***dem*** **Turm, den** man da hinten sieht, sind es 20 Minuten.
저 뒤로 볼 수 있는 저 탑까지는 20분이 소요됩니다.

〈지리적 명칭〉: 일반적인 지명은 관사를 사용하지 않는다.

Waren Sie schon in ***Südamerika***? 남미에 가보셨나요?
Der Student kommt aus ***Afrika***. 그 학생은 아프리카에 왔다.
Sie verbringen ihren Urlaub in ***England***. 그녀는 자신의 휴가를 영국에서 보낸다.
Wir fliegen morgen nach ***Berlin***. 우리는 내일 베를린으로 비행한다.

스위스, 터키, 체코, 네덜란드, 미국과 같은 국가명칭을 사용할 때와 산(맥)이름 〈der Königstuhl (das Riesengebirge)〉, 강 〈der Rhein〉과 호수 〈der Bodensee〉 및 바다 〈die Nordsee〉의 이름에는 정관사를 붙인다.

In den Ferien fahren wir in ***die Schweiz*** / in ***die Türkei***.
  우리는 방학 중에 스위스/ 터어키로 간다.
In den Ferien fahren wir in ***die Niederlande***.(복수)/ ***die USA***.(복수)
  우리는 방학 중에 네덜란드/ 미국으로 간다.

별도설명 없이도 이미 그렇게 알려진 것으로 인식되는 것을 표현할 때와 관용어법에 기댄 표현을 할 때는 관사를 사용하지 않는다. 하지만 특정한 것을 지정하거나 문법적인 형태를 통해 명사를 수식·강조하고 싶을 때는 정관사를 사용한다.

8.4 대명사 Pronomen

명사역할을 하는 낱말을 대신하는 낱말을 대명사 Pronomen로 이해한다. 우리는 명사를 동반하는 대명사의 변화를 통해서는 명사의 성-수-격을 표현하고, 이를 근거로 문장구성요소로서의 기능을 규정한다. 대명사가 원래명사가 문장에서 갖는 기능을 동일하게 유지토록하기 위해서 명사 대신 사용하는 대명사의 '성-수-격 변화'를 원래명사의 그것과 동일하게 유지한다.

Karin füttert *den Hund*. (주어: 여성 1격, 목적어: 남성4격)

카린은 그 개(목적격, 우리말: 에게/여격)를 먹이 준다.

⇒ **Sie** füttert **ihn**. (주격 인칭대명사 ⇢ 주어, 목적격 인칭대명사 ⇢ 목적어)

그녀는 그에게 먹이를 준다.

원래 고유명사인 〈Karin〉과 일반명사인 〈den Hund〉 그리고 그들의 대명사인 〈**Sie**〉와 〈**ihn**〉의 격[Kasus]-수[Numerus]-성[Genus]의 일치를 통해 원래명사의 문장구성요소 기능과 역할을 대명사를 통해서도 유지할 수 있다.

⇒ *Dieser Hund* gehört *Karin*. Es ist **ihr** *Hund*. (주어, 목적어)

이 개는 카린에게(여격) 속한다. 그 녀(소유격, 카린)의 개다.

이렇듯 우리는 문장에 나오는 명사나 명사를 동반하는 낱말의 기능을 대신 수행하기 위해 또는 문장경계를 뛰어 넘어 문장의 앞-뒤에 나타나는 명사들을 대신하거나 지시하기 위해서도 대명사를 사용한다. 이런 용도에 부응하듯 대명사에는 인물과 의문사항 및 명사간의 상관관련성을 표시하는 '인칭대명사', '의문대명사' 및 '관계대명사', 특정되지 않은 것을 표시하는 '불특정대명사', 주어와 목적어 일치를 표시하는 '재귀대명사' 그리고 대상과 소유를 명시하는 '지시대명사'와 '소유대명사' 등 다양한 종류가 있다. 이들 사용을 통해 우리는 의사소통을 위한 언어를 사용할 때 간결효과를 추구한다.

8.4.1 인칭대명사

인칭대명사 : 3인칭에서만 명사대신 사용한다.

격	단수					복수		
	1인칭	2인칭	3인칭			1인칭	2인칭	3인칭
주격	ich	du	er	sie	**e s**	wir	ihr	sie
소유격	meiner	deiner	seiner	ihrer	seiner	unser	euer	ihrer
여격	mir	dir	ihm	ihr	ihm	uns	euch	ihnen
목적격	mich	dich	ihn	sie	**e s**	uns	euch	sie

〈**e s**〉 : 중성 3인칭 단수를 표현을 위해 사용한다.

A: Warst du schon in dem neuen Restaurant? 그 새로운 식당에 가봤니?

B: Ja. **Es** ist ziemlich teuer. 응. 거기 상당히 비싸던데.

A: Geht das Mädchen schon zur Schule? 그 소녀 벌써 학교에 다니나요?

B: Nein. **Es** geht noch nicht zur Schule. 아니오. 아직 학교에 안다닙니다.

〈**e s**〉 : 주어로 사용할 때는 문장 첫머리에 위치하고,
술어형태는 문장의 진짜 주어에 따라서 정한다.

Niemand ist gekommen. 아무도 오지 않았다.

⇒ **Es** *ist niemand* gekommen.

Zwanzig Personen haben an dem Kurs teilgenommen.
20명이 그 코스에 참여했다.

⇒ **Es** *haben zwanzig Personen* an dem Kurs teilgenommen.

Man hat viel über das Gesetz diskutiert.(능동) 그 법에 관해서 토론을 많이 했다.

⇒ Über das Gesetz wurde viel diskutiert.(수동) 그 법에 대한 토론이 많았다.

⇒ **Es** *wurde* über das Gesetz viel *diskutiert*.(수동)

〈**e s**〉: 이를 이용해 문장형태를 재구성 할 수 있다.

Dass ein Lehrer mehr verdient als eine Lehrerin, finde ich nicht richtig,

남성교사가 여성교사보다 더 번다는 사실을 옳다고 보지는 않는다.

⇒ Ich finde es nicht richtig, *dass ein Lehrer mehr verdient als eine Lehrerin.*

Jemanden vom Rauchen abzubringen, ist schwierig.

흡연을 멈추게 하는 것은 어렵다.

⇒ **Es** ist schwierig, *jemanden vom Rauchen abzubringen*.

〈**e s**〉: 정해진 어법에 따라서 변형 없이 사용한다.

Es regnet. 비가 온다.

Es klingelt. 초인종이 울린다.

Es ist schon spät. (시간이) 이미 늦었다.

Es wird kälter. (날씨가) 차가워진다.

Es bleibt schön. (날씨가) 이대로 좋게 머문다.

Es geht mir gut. 잘 지낸다.

Es gefällt mir gut. 내 맘에 든다.

Was gibt es im Kino zu sehen? 어떤 볼만한 영화가 있습니까?

Worum handelt es sich? 무슨 일 때문이십니까?

Worum geht es? 무슨 일 때문입니까?

Er hat es eilig. 그가 바쁜 일이 있습니다.

Er hat es im Leben schwer gehabt. 그는 평생 어렵게 살았습니다.

8.4.2 의문대명사

의문대명사 : **Wer – Was**

→ 모르는 질문 대상을 명시할 때 단수-복수를 구분하지 않고 사용한다.

Wer ist **dieser** Mann? - Wer sind **diese** Leute?
이 남자는(사람들은) 누구죠?
Was ist **sein** Bruder? - Was sind **seine** Brüder?
그의 형제(들)의 직업은요?

주격	wer	Wer sind sie? - **Wer** ist er? 그들은/그는 누군가요? Wer ist **dieser** Mann? Wer sind **diese** Leute? 이 남자는(사람들은) 누구죠?	was	Was ist passiert? **Was** ist/sind das? 무슨 일/(무엇/들)이지? Was ist **sein** Bruder? Was sind **seine** Brüder? 그 형제(들)의 직업은?
소유격	wessen	Wessen Tasche ist das? **Wessen** Buch ist das? 누구 가방/책이지?	-	사용하지 않음
여격	wem	Mit **wem** hast du das gemacht? **Wem** gehört es? 누구랑 함께 한/누구 거지?	-	사용하지 않음
목적격	wen	Wen rufst du an? **Wen** kennst du? 누구에게/를 네가 전화하니/아니?	was	Was möchten sie lesen? 그들이 무엇을 읽고 싶지?

의문대명사 : **welch-**

→ 질문대상인 사람과 사물에 대한 부류/종류를 알고 싶을 때 사용한다.

Mit **welcher** Gesellschaft bist du geflogen? Mit **Lufthansa**?
어느 항공사로 비행했니? 루프트한자?

→ 정관사변화와 동일한 격변화를 유도하고, 소유격은 사용하지 않는다.

단수	주격	welch-er welch-es welch-e	***Welch-er*** Beruf ist erstrebenswert? 어떤 직업이 추구할만한 가치가 있을까? → Ich weiß nicht, ***welch-er*** erstrebenswert ist. ***Welch-es*** Berufsgebiet gefällt Ihnen? 어떤 직업영역이 당신 맘에 드십니까? ***Welch-e*** Firma hat Ihnen geschrieben? 어느 회사가 당신에게 편지를 보냈나요?
	소유격		사용하지 않음
	여격	welch-em welch-em welch-er	Mit ***welch-em*** Zug kommt er? 그 사람은 어느 기차로 오나요? Mit ***welch-em*** Projekt haben Sie sich beschäftigt? 어떤 프로젝트를 진행해오셨습니까? Von ***welch-er*** Firma kommen Sie? 어느 회사에서 나오셨나요?
	목적격	welch-en welch-es welch-e	***Welch-en*** Beruf finden Sie interessant? 어떤 직업에 관심이 있으십니까? ***Welch-es*** Hobby haben Sie? 어떤 취미를 가지고 계십니까? ***Welch-e*** Schule haben Sie besucht? 어느 학교를 다니셨습니까? Für ***welch-e*** Firma arbeitet er eigentlich? 그는 대체 어느 회사를 위해서 일합니까? → Ich weiß nicht, für ***welch-e*** er arbeitet. 어느 회사를 위해서 일하는지 모릅니다.
복수	주격	welch-e	***Welch-e*** Sprachen werden verlangt? 어느 언어를 요구합니까? An ***welch-en*** Universitäten haben Sie studiert? 어느 대학(들)에서 공부하셨습니까? ***Welch-e*** Sprachen sprechen Sie? 어떤 언어를 하실 수 있으십니까?
	소유격		
	여격	welch-en	
	목적격	welch-e	

의문대명사 : **was für ein-**

→ 모르는 질문 대상인 사람이나 사물 부류/종류의 구체적인 특성 명시를 요구할 때 사용한다.

Mit **was für einem** Flugzeug bist du geflogen? Mit ***einer*** Boeing 707?
어떤 종류의 비행기를 타고 왔습니까? 보잉 707로 왔습니까?

→ 부정관사변화와 동일한 격변화를 유도하고, 소유격은 사용하지 않는다.

단수	주격	was für ein was für ein was für ein-e	*Was für **ein** Motor* ist das? 어떤 (종류) 엔진입니까? → Ich weiß nicht, *was für ein-**er*** das ist. 어떤 엔진인지 모릅니다. *Was für **ein** Unternehmen* ist das? → Ich weiß auch nicht, *was für ein-**s*** das ist. 어떤 회사인지 (저도) 모릅니다. *Was für **ein-e** Arbeit* ist das? 어떤 일/작업입니까? → Ich weiß auch nicht, *was für ein-**e*** das ist. 어떤 일인지 (저도) 모릅니다.
	소유격		사용하지 않음
	여격	was für ein-em was für ein-em was für ein-er	In *was für **ein-em*** Betrieb arbeitet er? 그는 어떤 회사에서 일을 합니까? In *was für **ein-em*** Restaurant wart ihr? 너희 어떤 식당에 다녀왔니? In *was für **ein-er*** Firma arbeitet er? 어떤 회사에서 그는 일을 합니까? Von *was für **ein-er*** Firma kommen Sie? 무슨 (무엇을 하는) 회사에서 오셨나요?
	목적격	was für ein-en was für ein was für ein-e	*Was für **ein-en*** Beruf hat er? 그는 어떤 직업에 종사합니까? *Was für **ein** Geschäft* hat sie? 그녀가 어떤 업소를 소유하고 있습니까? → Ich weiß nicht, *was für ein-**s*** das ist. 어떤 업소인지 모릅니다. *Was für **ein-e** Tätigkeit* hat er? 그가 어떤 일을 하고 있습니까? → Ich weiß auch nicht, *was für ein-**e*** das ist. 그가 어떤 일을 하는지도 모릅니다.

8.4.3 지시대명사

지시대명사 : **der-das-die**, dies*er*-dies*es*-dies*e* ≦(거리감) jen*er*-jen*es*-jen*e*

→ 이미 인지된 또는 현재 보이거나 알고 있는 대상을 명시적으로 지시할 때 사용한다.

derjenige – ***das***jenige – ***die***jenige (-jenige ⤏ 형용사처럼 변화시킨다.)
derselbe – ***das***selbe – ***die***selbe (-selbe ⤏ 형용사처럼 변화시킨다.)
solch*er* – solch*es* – solch*e* (⤏ 사람/사물의 특성표시를 위해 사용한다.)

<table>
<tr><td rowspan="8">단수</td><td rowspan="8">der
das
die</td><td>der-das-die</td></tr>
<tr><td>Ich habe einen neuen Wein probiert. Der ist ausgezeichnet.
새 와인을 시음했습니다. 그것은 훌륭합니다.
Das ist ein gutes Restaurant. 이 식당은 좋은 식당입니다.
Deine neue Wohnung ist schick. Die würde mir auch gefallen.
네 새 아파트 멋지다. 그거(그 집이)라면 나맘에도 들을 텐데.</td></tr>
<tr><td>dessen-dessen-deren</td></tr>
<tr><td>Ich habe Herrn Kim in der Versammlung gehört. Dessen Einstellung teile ich aber nicht.
나는 김씨와 모임을 합니다. 그러나 그의 입장과는 거리가 있습니다.
Ich habe Frau Braun gesprochen. Deren Sorge möchte ich nicht haben.
브라운 부인과 말을 했습니다. 그녀의 걱정거리를 갖고 싶지는 않습니다.</td></tr>
<tr><td>dem-dem-der</td></tr>
<tr><td>Mein Sohn spielt nicht Fußball. Dem macht Fußball keinen Spaß.
내 아들은 축구를 하지 않습니다. 그에게는 축구가 재미가 없습니다.
Das ist teuer. Mit dem verglichen ist das Restaurant nebenan billig.
이곳은 비쌉니다. 이곳과 비교할 때 이웃식당은 저렴하죠.</td></tr>
<tr><td>den-das-die</td></tr>
<tr><td>Dieser Wein ist gut. Den werde ich mir besorgen.
이 와인은 좋네요. 그것을 가져와야겠습니다.
Das Buch gefällt mir. Das nehme ich.
이 책이 맘에 드네요. 이것으로 할께요.
Deine neue Wohnung ist schick. Die würde ich auch mieten.
네 새 아파트가 멋있다. 그거(그 집이)라면 나도 세를 들겠다.</td></tr>
</table>

복수	die	**die**	Wo ist denn die Familie Neumann? ***Die*** kommt noch.
		deren/*derer*	***Deren*** Kinder sind heute bei den Eltern. Das ist die Meinung ***derer***, ***die*** gegen Reformen sind. 〈derer〉는 항상 관계문장을 동반한다.
		denen	Mit ***denen*** haben wir auch Fasching gefeiert.
		die	Und Klaus und Inge? ***Die*** haben wir auch eingeladen.

지시대명사 : ***der***selbe-***das***selbe-***die***selbe

→〈-selbe-〉: 설명에 따른 바로 그 내용과 동일/일치함을 표현한다.

〈정관사 + 형용사〉의 조합에서 '형용사'처럼 변화시킨다.

derjenige-***das***jenige-***die***jenige

→〈-jenige-〉:〈정관사 + 형용사〉의 경우처럼 변화시키고
서술문장에서는 관계문장과 함께 표현한다.

Er ist **derjenige**, der von der Polzei gesucht wurde.
그가 경찰에서 수배하는 바로 그 사람입니다.

단수	**der**selbe **das**selbe **die**selbe	**der-das-die-**selbe
		War das der Herr von gestern? Ja, das war ***der*-selb*e***. 이 남자분이 어제 그분입니까? 네, *동일인물*입니다. Es ist jeden Tag ***das*-selb*e***. 매일이 똑 같습니다. War das die Frau von gestern? Ja, das war ***die*-selb*e***. 이 부인이 어제 그분입니까? 네, *동일인물*입니다.
		des-des-der-selben
		사용하지 않음
		dem-dem-der-selben
		Er ist in ***dem*-selb*en*** Kurs wie ich. 그는 나와 *같은* 코스/과정에 있습니다. Er isst immer in ***dem*-selb*en*** Restaurant nebenan. 그는 항상 옆에 있는 *같은* 식당에서 식사합니다. Ich war letztes Jahr in ***der*-selb*en*** Gegend. 작년에도 *같은* 곳에 왔었습니다.
		den-selben**/ das-die-**selbe

		Er hat noch ***den*-selb*en*** Wagen wie vor zehn Jahren. 그는 아직도 10년 전과 *똑같은* 차를 가지고 있습니다. Sie hatte ***das*-selb*e*** Kleid an wie vorgestern. 그녀는 그저께 입었던 *같은* 옷을 입었습니다. Er hat ***die*-selb*e*** Geschichte schon oft erzählt. 그는 *같은* 이야기를 자주 했습니다.	
복수	dieselben	**die**-selben	Das sind *die*selb*en* Fragen wie gestern.
		——	사용하지 않음
		den-selben	Er trifft sich immer mit *den*selb*en* Leuten.
		die-selben	Ich habe immer noch *die*selb*en* Probleme.

지시대명사 : solch-***er*** - solch-***es*** - solch-***e***

→ 사람/사물의 종류/부류의 특성을 표현할 때 사용한다.

Mit **solch-*en*** Leuten will ich nichts zu tun haben.
그런 부류의 사람들과는 어울리고 싶지 않아.

A: Hast du die Blumen hier schon gesehen?
여기 이런 꽃 본적 있니?
B: Ja, **solch-*e*** haben wir auch.
응, 그런 거 우리도 있어.

Ein **solch-*er*** Computer wäre ziemlich teuer.
그런 종류의 컴퓨터
부정관사 뒤의 〈solch-〉는 〈부정관사+형용사〉의 경우처럼 변화시킨다.

Solch ein Computer wäre ziemlich teuer.
그런 종류의 컴퓨터
Solch ein Gesetz ist nicht geplant.
부정관사 앞에서의 〈solch-〉는 변화어미 없이 사용한다.

8.4.4 관계대명사

관계대명사 : **der-das-die**(단수), **die**(복수)

→ 앞선 낱말과 뒤따르는 설명문장의 구성요소 기능과의 관계를 표시 할 때 사용한다.

→ '성'과 '수'는 앞서 인지된 주문장의 관련낱말과 연계하고 '격'은 설명(관계)문장에서의 역할에 따라 결정한다.

→ 전치사 〈in〉+〈관계대명사〉의 형태로 시간/장소를 표시하는 경우, 일부지역 일상대화에서는 〈wo〉를 대신사용하기도 함.

Er besuchte die Stadt, ***in der*** er 10 Jahre lang gelebt hatte.
⇢ Er besuchte die Stadt, ***wo*** er 10 Jahre lang gelebt hatte.

격	형태 및 예문
주격	**...., der · · ·- ...., das · · ·- ...., die · · · - (단수)** **...., die · · ·-(복수)**
	Der Bekannte, ***der*** mich gestern besucht hat, war ein Jahr in Korea. 어제 나를 방문했던 그 아는 *사람은* 한국에 1년 있었다. Das ist ein Auto, ***das*** 300 Stundenkilometer fährt. 이것은 시속 300 킬로미터로 달리는 *자동차*다. Wir besichtigen heute eine Kirche, ***die*** im 12. Jh. erbaut wurde. 우리는 오늘 12세기에 지어진 교회를 관람합니다. Von München sind die Alpen, ***die*** 100 Km entfernt sind, oft gut zu sehen. 뮌헨에서도 100킬로미터 떨어진 그 알프스가 자주 잘 보입니다.

격	형태 및 예문
소유격	**...., dessen · · ·- ...., dessen · · ·- ...., deren · · ·-(단수)** **...., deren · · ·-(복수)**
	Herr Braun, ***dessen*** Firma ich neulich besucht habe, besucht uns morgen. 내가 최근 *그의* 회사를 방문한 브라운씨가 내일 우리를 방문합니다. Wir besichtigen ein Haus, ***dessen*** Alter auf 350 Jahre geschätzt wird. 우리는 오늘 350년 이상 된 것으로 추정되는 *집*을 둘러봅니다. Ist das die Firma, ***deren*** Besitzer verunglückt ist? 회사 주인이 불행을 당한 *그 회사*입니까? Wir sprechen über Ferien, ***deren*** Auswirkungen diskutiert werden müssen. 우리는 그 효과에 대해 토의되어야 하는 방학에 관해 말합니다.

	…., dem · · · - …., dem · · · - …., der · · · -(단수) …., denen · · · -(복수)
여격	Der Sportler, mit ***dem*** wir gesprochen haben, kommt aus Korea. 우리와 이야기*했던 그* 운동선수는 한국에서 왔다. Das Gebäude, in ***dem*** wir gerade waren, ist älter als die Kirche. 우리가 방금 들어*있었던 그* 건물은 그 교회보다도 더 오래되었다. Die Dame, mit ***der*** ich gerade gesprochen habe, kommt aus Köln. 나와 이야기*했던 그* 부인은 쾰른에서 왔다. Die Bekannten, mit ***denen*** wir uns treffen wollten, haben heute keine Zeit. 우리가 만나려*했던 그* 아는 사람들은 오늘 시간이 없습니다.

	…., den · · · - …., das · · · - …., die · · · -(단수) … , die · · · -(복수)
목적격	Der Film, ***den*** wir gestern gesehen haben, war ausgezeichnet. 우리가 어제 보았던 영화는 훌륭했다. Das Gebäude, ***das*** Sie dort sehen, ist früher erbaut als das Rathaus. 저기 보시는 건물은 시청보다도 먼저 지어졌습니다. Die Kirche, ***die*** Sie dort sehen, ist über 700 Jahre alt. 저기 보시는 교회는 700년 이상 되었습니다. Die Fragen, ***die*** wir offen gelassen haben, können wir später klären. 우리가 아직 답하지 않은 의문은 나중에 해결할 수 있습니다.

8.4.5 소유대명사

소유대명사 : 소유대상에 대한 소유자를 규정할 때 사용한다.

① 소유대명사 선정 : 소유자의 '인칭'과 '수'에 따라 선정한다.
Sg. 〈mein 나의〉, 〈dein 너의〉, 〈sein 그(것)의〉, 〈ihr 그녀의〉
Pl. 〈unser 우리들의〉, 〈euer 너희들의〉, 〈ihre 그들의〉
② 소유대명사 어미변화 : 소유대상 명사의 '성'과 '수'에 따라 선정한다.
③ 부정관사변화와 동일하게 변화시킨다.
Sg. m.〈- -es -em -en〉, f.〈-e -er -er -e〉, n.〈- -es -em -〉
Pl. 〈-e -er -en -e〉
④ 소유대명사 '격'은 문장에서의 문장요소로서의 역할에 따라 연계한다.

	단수소유대명사 (+ 남성명사)				복수소유대명사 (+ 남성명사)		
	1인칭	2인칭	3인칭		1인칭	2인칭	3인칭
주격	mein-	dein-	sein-	ihr-	unser-	euer-	ihre-
소유격	mein-es	dein-es	sein-es	ihr-es	unser-es	eur-es	ihr-es
여격	mein-em	dein-em	sein-em	ihr-em	unser-em	eur-em	ihr-em
목적격	mein-en	dein-en	sein-en	ihr-en	unser-en	eur-en	ihr-en

Die Hälfte ***unser-er*** Reise(f) ist schon vorbei.
　이미 우리 여행의 절반은 지났습니다.
Unser-e Koffer(Pl.) sind schon halb gepackt.
　우리 여행 가방 절반도 이미 꾸려졌습니다.
Das sind ***unser-e*** Gepäckstücke(Pl.). 이것이 우리 짐들입니다.

Was willst du ***dein-en*** Gästen(Pl.) zeigen?
　*네 손님들*에게 무엇을 보여주려 하니?
Ich weiß es noch nicht. Aber ***meine*** Gäste(Pl.) sind schon da.
　아직 모르겠습니다. 그런데 *손님들*은 벌써 와버렸네요.

Wo ist ***eure*** Wohnung(f)? Wie hoch ist ***eure*** Miete(f)?
　너희 아파트가 어디니? 집세는 어느 정도나 되니?
Ein Drittel ***mein-es*** Gehalts(n) gebe ich für die Miete aus.
　내 봉급의 3분의 1을 집세로 내고 있습니다.

Dein Augenarzt(m) ist schon da.
　당신을 진료하실 안과 의사선생님은 이미 와있습니다.
Mein-e Besprechung(f) mit ihm ist aber um 11 Uhr.
　저의 진료상담은 11시입니다.

Sie ist mit ***ihr-em*** Beruf(m) zufrieden.
　그녀는 자신의 직업에 만족합니다.
Sie sagt, dass ***ihr*** Beruf(m) ihr Spaß macht.
　그녀 직업이 그녀를 즐겁게 한다고 말합니다.
Deshalb möchte sie ***ihr-en*** Beruf(m) nicht aufgeben.
　그래서 그녀는 그녀 직업을 그만두고 싶지 않습니다.

• 자주 관찰되는 소유대명사의 화용

A: Wann geht ***mein*** Flugzeug los? Gleich?
언제 *내 비행기(n)*가 출발합니까? 금방요?

B: Ja, es geht gleich los. 예, 금방 출발합니다.

A: O.k. Dann brauche ich ***mein-en*** Pass, ***mein*** Flugticket und ***mein-e*** Handtasche. 오케이. 그럼 *내 여권(m)*, *비행기 표(n)* 그리고 *가방(f)*을 필요하겠군.

A: Oh, wo ist ***mein*** Ticket? 어, *내 표(n)*가 어디 있지?

B: Hier liegt ein Ticket. Ist das ***dein-s***? 여기 *표(n)* 한 장이 있는데, *당신 것*인가요?

A: Haben Sie ***mein-e*** Bücher gesehen? *제 책들(Pl.)을* 보셨습니까?

B: Sind das ***dein-e*** Bücher? 이게 *네 책들(Pl.)*이니?

A: Ein Handy klingelt. Ist das ***dein-s***? *휴대전화(n)*가 울리는데, *네 거*니?

B: Ja, das ist ***mein-s***. 네, *제 전화*네요.

A: Ist das ***dein*** Autoschlüssel? 이거 *네 자동차 열쇠(m)*니?

B: Ja, das ist ***mein-er***. 네, *제 거*네요.

A: Ist das ***euer*** Wagen? 이거 *너희 차량(m)*이니?

B: Ja, das ist ***unser-er***. 네, 이거 *저희 차(m)*네요.

A: Ist das die Freundin ***dein-es*** älteren Bruders? 이게 *네 형(m)의* 여자 친구니?

B: Nein, ich bin heute mit ***mein-er*** Freundin hier. 아니. 오늘 *내 여자친구(f)*랑 왔어.

A: ***Sein*** Taxi ist da. *그 사람 택시(n/m)*가 왔습니다.

B: Er ist aber noch in ***sein-em*** Zimmer. 그 사람은 아직도 *자기 방(n)*에 있습니다.

A: Ich habe es noch in ***sein-em*** Auto. 그것이 아직도 *그 사람 차(n)*에 있습니다.
B: Er hat heute das Auto ***sein-er*** Frau. 그 사람 오늘 *자기 아내(f) 차* 몰던데요.

A: Was machen ***eure*** Kinder? *너희 애들(Pl.)*은 뭐하니?
B: Sie sind in ***ihr-em*** Zimmer. 애들은 *자기들 방(n)*에 있어.

8.4.6 재귀대명사

재귀대명사 : 문장주어와 목적어와의 관련성을 명시할 때 사용한다.

→ 3인칭 단수와 복수에서는 〈sich〉를 1인칭과 2인칭에서는 인칭대명사를 사용한다.

ich	mich mir	Ich interssiere ***mich*** sehr für den Golf Sport. 나는 골프운동에 관심이 많습니다. Diesen Sport kann ich ***mir*** nicht leisten. 나는 이 운동비용을 감당할 수가 없습니다.
du	dich dir	Freust du ***dich*** auf den langen Urlaub? 긴 휴가를 가니 좋으니? Was wünschst du ***dir***? 무엇을 원하니?
er/sie	sich sich	Jens erinnert ***sich*** an dich. 옌스는 너를 기억하고 있다. Er hat ***sich*** schon Gedanken über die Zukunft gemacht. 그는 자기 장래에 대해서 생각을 했다. Andreas möchte ***sich*** weiterbilden. 안드레아는 계속 공부하고 싶다.
wir	uns	Wir haben ***uns*** lange unterhalten. 우리는 오래 동안 이야기를 했다. Wir haben ***uns*** viel Zeit genommen. 우리는 많은 시간을 냈다.
ihr	euch	Freut ihr **euch** auf Seoul? 너희 서울에 대해 즐거워하니? Was habt ihr ***euch*** vorgestellt? 어떤 예상을 했었니?
sie	sich	Freuen sie ***sich*** auf Seoul? 그들이 서울에 대해 즐거워하니? Was wünschen die Kinder ***sich*** zu Weihnachten. 어린이들이 성탄절에 무엇을 희망합니까?

8.4.7 부정대명사

부정대명사 : 정해지지 않은 대상을 규정할 때 사용한다.

→ 명사처럼 또는 명사를 동반하는 낱말로 사용되는 부정대명사
alle, alles, einige, einzelne, jeder, mancher, mehrere, viele, wenige

→ 명사처럼만 사용되는 부정대명사
einer/keiner, etwas, irgendwer, jemand, man, nichts, niemand

부정대명사 : 정해지지 않은 대상을 규정할 때 사용한다.

→ 명사처럼 또는 명사를 동반하는 낱말로 사용되는 부정대명사
alle, alles, einige, einzelne, jeder, mancher, mehrere, viele, wenige

alle 인물 사물	alle	***Alle*** Flüge haben Verspätung. 모든 비행편이 연착합니다.
	aller	Wir haben ***alle*** Studenten geprüft. 우리는 모든 학생을 검토했습니다.
	allen	Wir wollen heute ***allen*** Leute absagen. 우리는 오늘 모든 사람에게 취소를 (통보)하려고 합니다.
	alle	Der Wunsch ***aller*** Menschen nach Zufriedenheit. 만족에 대한 모든 사람들의 소망

부정대명사 : 정해지지 않은 대상을 규정할 때 사용한다.

→ 명사처럼 또는 명사를 동반하는 낱말로 사용되는 낱말
alle, **alles**, einige, einzelne, jeder, mancher, mehrere, viele, wenige

alles 사물	alles	***Alles*** ist in Ordnung. 모든 것이 정상이다.
	-	- -
	allem	Wir sind mit ***allem*** einverstanden. 우리는 모든 것을 인정(이해)합니다.
	alles	Haben Sie ***alles***? 모두 다 하셨습니까?

* 인물 모임/집합
Alle hörten zu, als er von seiner Reise berichtete.
그가 자기 여행에 대해 보고를 할 때 모든 사람이 경청했다.
Alle waren begeistert, als das Ergebnis bekanntgegeben wurde.
그 결과가 알려졌을 때 모든 사람이 열광했다.
Alle aussteigen, bitte! 모두 내려주시기 바랍니다.

Wir waren bei ***allen*** unseren Freunden eingeladen.
우리는 모든 친구들에게 초대되었다.
All diese Leute wollen zum Strand.
이 사람들 모두가 해변으로 갈려고 한다.

부정대명사 : 정해지지 않은 대상을 규정할 때 사용한다.

→ 명사처럼 또는 명사를 동반하는 낱말로 사용되는 낱말
alle, alles, **einige**, einzelne, jeder, mancher, mehrere, viele, wenige

einige (복수)	***Einige*** Politiker schlagen vor, das Einwanderungsgesetz zu ändern. 몇몇 정치인들은 이민법 개정을 제안한다. Sie sehen ***einige*** Ausschnitte aus dem Programm. 귀하는 이 프로그램의 몇 몇 부분을 보고 계십니다.
einiger **einiges** **einige** (단수)	Ich habe Ihnen **einiges** mitzuteilen. 제가 귀하께 몇 가지 알려드려야 할 것이 있습니다. Mit ***einigem*** bin ich nicht einverstanden. 몇 가지는 인정(이해)할 수가 없습니다. Ich habe schon vor ***einiger*** Zeit mein Examen gemacht. ↳ Ich habe schon vor längerer Zeit mein Examen gemacht. 나는 오래 전에 시험을 마쳤습니다. Er war in ***einiger*** Entfernung von der Unfallstelle. ↳ Er war in größerer Entfernung von der Unfallstelle. 그는 사고현장에서 멀리 떨어져 있었습니다.

부정대명사 : 정해지지 않은 대상을 규정할 때 사용한다.

→ 명사처럼만 사용되는 낱말
einer/keiner, etwas, irgendwer, jemand, man, nichts, niemand

einer/keiner	Ist Hans-Hermann **ein moderner Mann**? 한스-헤어만은 현대식 남자입니까? ⇢ Ja, ich glaube, er ist ***einer***. 네, 그는 그런 사람이라고 생각합니다. ⇢ Nein, ich glaube, er ist ***keiner***. 아니오, 그는 그런 사람이 아니라고 생각합니다.

부정대명사 : 정해지지 않은 대상을 규정할 때 사용한다.

→ 명사처럼만 사용되는 낱말
einer/keiner, **etwas**, **nichts**, irgendwer, jemand, man, niemand

etwas **nichts**	* 항상 단수 ***Etwas*** ist nicht berücksichtigt worden, nämlich…. 약간의 것이 고려가 되지 않았습니다, 즉…. Mir ist ***nichts*** passiert. 저한테는 아무 일도 없었습니다. Wir haben ***etwas*** eingekauft. 우리가 뭘 좀 샀습니다. A: Hast du schon ***etwas*** gegessen? 너 뭐 좀 먹었니? B: Nein, ich habe noch ***nichts*** gegessen. 아니오, 아직 아무 것도요. Haben Sie ***etwas*** Zeit? 시간 좀 있으신가요? Ist noch ***etwas*** Brot da? 아직 빵 좀 남았습니까? Das Haus müsste ***etwas*** größer sein. 그 집이 약간 더 클 겁니다. Das Kleid ist ***etwas*** zu lang. 그 원피스가 조금 (너무) 깁니다. * etwas ⇢ was Da ist ***etwas*** passiert. ⇢ Da ist ***was*** passiert. 거기에 무슨 일인가가 일어났습니다. * etwas(⇢was)+형용사(Adj) ↷형용명사(대문자, 격변화) Gibt es **etwas(⇢was) Neu*es***? 뭐 새로운 것 좀 있나요? Nein, **nichts Besonder*es***. 아니요, 특별한 것은 없습니다. * etwas(⇢ was)+〈zu〉원형부정사 Gibt es **etwas(⇢ was) zu lesen**? 읽을거리 좀 있나요? Haben Sie **nichts zu schreiben**? 뭐 쓸 것 없어요?

부정대명사 : 정해지지 않은 대상을 규정할 때 사용한다.

→ 명사처럼 또는 명사를 동반하는 낱말로 사용되는 낱말
alle, alles, einige, einzelne, jeder, mancher, mehrere, **viele, wenige**

<table>
<tr><td rowspan="4">viele
wenige</td><td>viel(단수)
viele(복수)</td><td>Viel Geld wurde investiert. 많은 돈이 투자되었다.
Viele Studenten müssen in den Semesterferien arbeiten.
많은 학생들이 방학 중에 일해야 한다.</td></tr>
<tr><td>-
vieler(복수)</td><td>-
Nach Meinung vieler Kritiker müssten mehr Straßen gebaut werden.
많은 비평가의 의견에 의하면 길이 더 건설되어야 한다.</td></tr>
<tr><td>viel(단수)
vielen(복수)</td><td>Sie ist mit viel Gepäck angekommen.
그녀는 짐을 많이 가지고 도착했다.
Er hat schon vielen Menschen geholfen.
그는 이미 많은 사람을 도왔다.</td></tr>
<tr><td>viel(단수)
viele(복수)</td><td>Ich wünsche Ihnen viel Glück.
당신에게 많은 행운을 원합니다.
Ich habe viele Studenten in meinem Deutschkurs.
내 독일어 코스에 학생들이 많습니다.</td></tr>
</table>

* 명사와 함께
Er hat nur ***wenig*** Geld zur Verfügung. 그는 적은 돈만을 쓸 수 있습니다.
Sie kam mit ***wenig*** Gepäck. 그녀는 거의 짐 없이 왔습니다.

* 명사 및 다른 명사동반낱말과 함께

Das ***wenige*** Geld, das uns zur Verfügung steht, haben wir schnell ausgegeben.
우리에게 쓸 수 있도록 되어있는 적은 돈을 빠르게 사용했다.
Die ***viele*** Zeit, die du hast, könntest du besser nutzen.
네가 가지고 있는 많은 시간을 더 잘 이용할 수 있었다.

A: Was machst du mit deiner ***vielen*** Freizeit? 많은 여가시간에 무엇을 하니?
B: Ich lese Bücher. 책들을 읽지.

Diese ***viele*** Arbeit macht ihm nichts aus.
이 많은 일들이 그에게는 아무렇지 않습니다.

* 〈***viel***〉+〈형용사〉 ↷형용명사(대문자 + -격변화)

Er hat ***viel*** **Interessant-es** erlebt. 그는 흥미로운 것을 많이 경험했습니다.
Sie hat ***wenig*** **Neu-es** geschrieben. 그녀는 새로운 것을 거의 쓰지 않았습니다.

* 명사처럼 사용되는 〈***viel***〉 ↷형용명사(-단수격변화)

Hier hat sich ***viel-es*** in den letzten Jahren geändert.
지난 몇 년간 이곳에는 많은 것이 변화했습니다.
Wir sind mit ***viel-em*** unzufrieden. 우리는 많은 것에 불만족합니다.

A: Wie hast du den Vortrag gefunden? 발표 어떠했니?
B: Ich habe ***viel-es*** nicht verstanden. 나는 많은 것을 이해하지 못했습니다.

부정대명사 : 정해지지 않은 대상을 규정할 때 사용한다.

→ 명사처럼만 사용되는 낱말
einer/keiner, etwas, nichts, irgendwer, **jemand**, **man**, **niemand**

jemand niemand **man**	jemand ***man***	***Jemand*** wollte dich sprechen. 누군가가 너와 이야기하고 싶어 하네. Wie kommt ***man*** bitte zum Bahnhof? 어떻게 기차역에 가나요?
	jemandes -	Kann es in ***jemandes*** Interesse liegen, dass er tot ist? 그가 죽음이 누구의 관심사가 될 수 있나요? -
	jemand(em) ***einem***	Er ist mit ***jemandem*** in der Stadt verabredet. 그는 그 도시에서 누군가와 약속이 있었다. Jeden Abend Besuch, das wird ***einem*** bald zuviel. 매일 저녁 방문은 (누군가에게는) 곧 지나치게 된다.
	jemand(en) ***einen***	Kennen Sie ***jemanden***, der sich für dieses Buch interessiert? 이 책에 관심이 있을 누군가를 아세요? So enttäuscht ***einen*** das Leben. 이렇게 인생이 사람을 실망시킨다.
	Ich habe sie angerufen, aber es ist ***niemand*** zu Hause. 내가 그녀에게 집으로 전해했으나 아무도 없었다. A: Ist morgen ***jemand*** im Büro? 내일 사무실에 누군가 있나요? B: Nein, morgen ist ***niemand*** da. 아니요, 내일 아무도 없습니다.	

9. 형용사와 부사

9.1. 형용사^Adjektiv

독일어 형용사를 이용해 낱말 특징을 설명한다. 이 때문에 '~(형용사가 꾸미는 낱말)이 어떤가?' 또는 '어떤 ~(낱말)인가?"라는 질문을 통해 해당 형용사 의미를 추출할 수 있다.

형용사를 사용해서 꾸미는 낱말은 일반적으로 '명사' 또는 '명사기능을 하는 낱말'들이다. 형용사를 이런 낱말 앞에 위치시킨 부가적 기능을 통해 이들의 고유한 특성, 예를 들어 색상^Farbe이나 형태^Form 그리고 외연^Ausdehnung이나 질^Qualität과 같은 의미특성을 표시한다. 꾸미는 낱말에 부가되어 관련된 영역^Beziehungsbereich, 근원^Urheber, 시·공간^Zeit·Raum 및 연관관점^Bezugspunkt 등을 표시한다. 또한 명사의 구체적인 숫자^Grundzahlen나 차례수^Ordnungszahlwörter 및 배수^Vervielfältigungszahlwörter 등과 함께 불특정 숫자^unbestimmte Zahlen를 표현할 때도 부가형용사^Attributadjektiv를 사용하여 명사를 꾸밀 수 있다. 여러 형용사들이 동시에 사용되는 경우에는 [(관사) + 형용사(숫자, 시간, 장소, 색깔, 성질, 출신, 재질표시 등) + 명사]의 순서를 보인다.

형용사는 화자의 비교판단기준을 바탕으로 명사꾸밈을 제시하는 낱말이기 때문에 비교사용이 가능하고 비교변화의 정도에 따른 형태변형도 가능하다. 특히, 명사의 '격'과 '수' 그리고 어떤 '명사동반낱말'과 함께 형용사를 사용하는가에 따라 이들의 어형 및 위치를 변화시킨다.

ein *schönes* Wetter 아름다운 날씨				
schön 아름다운	→	schön**er** 더 아름다운	→	am schön**sten** 가장 아름다운
stark 강한	→	stärk**er** 더 강한	→	am stärk**sten** 가장 강한

형용사는 언제나 반대개념을 포함한다. 형용사와 '상황' 또는 '정도'를 표시하는 부사를 함께 사용하여 형용사가 포함하는 절대적인 반대개념을 '- 어느 정도 변화'를 포함하는 개인적인- 점차개념의미로 전환해서 사용할 수 있다.

hell 밝은	⇔	dunkel 어두운
lang 긴	⇔	kurz 짧은
süß 달은	⇔	bitter 쓴

wenig schön 조금 아름다운	⇦	**schön** 아름다운	⇨	***sehr*** schön 매우 아름다운	⇨	***wirklich*** schön 정말 아름다운

9.2 형용사의 기능 Funktion des Adjektivs

어형변화 없이 부사로도 사용되는 형용사는 꾸미는 낱말의 자질이나 특징을 표시하는 기능으로도 사용한다. 우리는 독일어 형용사를 대부분 문장에서 부가어적인 기능과 술어적인 기능 및 부사어적인 기능 그리고 명사적인 기능을 중심으로 사용한다.

기능	예문
부가어[Atribut] 기능 (형용사 변화)	Es war ein ***kalter*** Winter. 차가운 겨울이었다. ***polizeiliche*** Maßnahmen 경찰력에 의한 조치 am ***zweiten*** April 4월 2일에 ***wissenschaftliche*** Zusammenarbeit 학문적 공동작업
술어[Prädikativ] 기능	Meine Schwester ist ***schön***. 내 누이는 예쁘다. Sie wird ***gesund***. 그녀는 건강해져 간다. Sie ***bleibt*** feundlich. 그녀는 친절하다. Dieses Foto ist ***am neuesten***. 이는 가장 최근 사진이다.
부사어[adverbial] 기능	Der Vater liest ***laut*** vor. 아버지가 크게 낭독한다. Sie spricht ***leise***. 그녀가 조용히 말한다. Sie lag ***ohnmächtig*** da. 그녀가 거기에 졸도해 누워있었다.
명사[Nominativ] 기능 (형용사 변화)	Dort steht *eine schöne Frau*. 저기에 한 예쁜 여자가 서있다. *Diese* ***Schöne*** erwartet einen Mann. 예쁜 그녀는 남자를 기다린다. Dieses Foto ist ***das neueste***. 이 사진이 가장 최근 것이다.

9.2.1 부가어[Attribut] 기능

형용사의 고유기능인 명사 동반어 기능으로, 명사 앞에 위치하여 명사와 함께 하나의 의미단위를 형성하도록 구성한다.

Rote Rosen sind seine Lieblingsblume. 빨간 장미는 그가 가장 좋아하는 꽃이다.

der ***alte*** Wein 오래된 와인

das ***kleine*** Kind 꼬마, 쪼끄만 어린이

die ***graue*** Maus 회색 생쥐

die ***neue*** CD 새로 발표된 CD

die ***neuen*** CDs 새로 발표된 CD들

der ***gute*** Wagen 좋은 차량

das *wenige* Geld 적은 재원
die *ärztliche* Hilfe 의료적 도움
die *offene* See 먼 바다, 원양
der *gestrige* Tag 어제

ein *schöner* Frühlingsregen 아름다운 봄비
mein *altes* Sofa 나의 오래된 소파

technischer Fortschritt 기술영역의 발전
wissenschaftliche Zusammenarbeit 학문적인 공동작업

mit *fünf* Punkten 5점으로

형용사 의미단위를 이루는 명사이외의 다른 낱말의 동반여부에 따라 변화의 종류를 구분한다. 예를 들어 '관사'의 동반여부에 따라서 형용사의 강변화[starke Deklination], 약변화[schwache Deklination], 혼합변화[gemischte Deklination] 등 세 가지로 구분을 한다. 이런 형용사 형태변화[Deklination des Adjektives]는 형용사 앞에 나올 관사의 유무와 종류 그리고 뒤 따르는 명사의 성[Genus]-수[Numerus]-격[Kasus]에 따라 조율한다.

형용사 변화의 종류		
〈*무 관사* + 형용사 + 명사〉	⇒	강변화 {Ø} grün*es* Kleid 녹색 원피스
〈*정관사* + 형용사 + 명사〉		약변화 *das* grün*e* Kleid 그 녹색 원피스
〈*부정관사* + 형용사 + 명사〉		혼합변화 *ein* grün*es* Kleid 녹색 원피스 한 벌

우리가 부가형용사와 함께 문장구성단위를 구성할 때는 형용사의 앞뒤에 쓰이는 동반낱말인 전치사나 관사의 특성 그리고 해당 명사의 '성-수-격'에 따라 형용사의 변화어미를 조율하여 의미단위를 구성한다.

mit {Ø} dick-***em*** Hund 살찐 개와 함께

⇒〈전치사(**3**격) + {무관사} + 형용사(변화 + em) + (*남성*)명사〉

ein dick-***er*** Hund 살찐 개 (한 마리)

⇒〈부정관사(**1**격) + 형용사(변화 + er) + (*남성*)명사〉

der dick-***e*** Hund 그 살찐 개

⇒〈정관사(**1**격) + 형용사(변화 + e) + (*남성*)명사〉

Timo hat ein-**en** klein-***en*** Hund. 티모는 조그만 개한마리를 가지고 있다.

⇒ 부정관사(**4**격) + 형용사(변화 + en) + (*남성*)명사

Nach **dem** gut-**en** Mittagessen gingen wir spazieren.
우린 점심을 잘 먹고 산책을 했다.

⇒〈전치사(**3**격) + 정관사 + 형용사(변화 + en) + (*남성*)명사〉

이렇게 명사 앞에 형용사를 부가하여 명사특징을 설명하는 용도로 사용하는 경우에는 형용사가 수식하는 명사의 '성-수-격', 관사의 유무 및 그 종류에 따라 형용사 '**강변화**'와 '**약변화**' 그리고 '**혼합변화**'로 구분한다.

• **강변화**[Starke Adjektivdeklination] : 강변화는 명사를 수식하는 형용사 앞에 관사와 같은 동반규정사를 사용하지 않는 경우로, 이때는 형용사를 정관사 변화어미와 같은 어미변화를 한다. 단, 남성 및 중성 강변화 명사의 소유격에 〈-es〉가 붙는 경우, 형용사 어미를 〈-en〉으로 한다.

〈관사 없음 + 형용사(어미변화) + 명사〉 : 형용사 강변화				
	주격	소유격	여격	목적격
남성	er	es/**en**	em	en
여성	e	er	er	e
중성	es	es/**en**	em	es
복수	e	er	en	e

grün-**es** Kleid 녹색 원피스
〈{Ø}+형용사(어미변화)+중성명사〉⇒ 1/4격, 문장 ⇒ 주어/목적어

einsam-**e** Straße 쓸쓸한/외로운 거리
〈{Ø}+형용사(어미변화)+여성명사〉⇒ 1/4격, 문장 ⇒ 주어/목적어

klein-**e** Kerze 짧은 양초
〈{Ø}+형용사(어미변화)+여성명사〉⇒ 1/4격, 문장 ⇒ 주어/목적어

mit dick-**em** Hund 뚱뚱한 개와 함께
3격 전치사+〈{Ø}+형용사(어미변화)+남성명사〉⇒ 3격 전치사구,
문장 ⇒ 방법표시 부사어 (어떻게? ⇨ 개와 함께)

in klein-**em** dunkl-**em** Zimmer 작고 어두운 방안에서
3격 전치사+〈{Ø}+형용사(어미변화)+중성명사〉⇒ 3격 전치사구,
문장 ⇒ 장소표시 부사어 (어디에서? ⇨ 작고 어두운 방에서)

• **약변화**Schwache Adjektivdeklination : 약변화는 명사를 수식하는 형용사 앞에 정관사와 이에 준하는 명사동반낱말을 사용하는 경우로, 단수의 주격과 목적격(남성 4격은 예외)은 〈-e〉를 통해, 나머지 남성 목적격을 포함하는 모든 격과 복수형은 〈-en〉으로 어미를 조정한다.

〈정관사(류) + 형용사(어미변화) + 명사〉 : 형용사 약변화				
	주격	소유격	여격	목적격
남성	*e*	en	en	***en***
여성	*e*	en	en	*e*
중성	*e*	en	en	*e*
복수	en	en	en	en

der dick-**e** Hund 그 살찐 개
〈정관사+형용사(어미변화)+남성명사〉⇒ 1격, 문장 ⇒ 주어

das grün-**e** Kleid 그 녹색 원피스
〈정관사+형용사(어미변화)+중성명사〉⇒ 1/4격, 문장 ⇒ 주어/목적어

die schön-**e** Frau 그 아름다운 여인
〈정관사+형용사(어미변화)+여성명사〉⇒ 1/4격, 문장 ⇒ 주어/목적어

die schön-**en** Frauen 그 아름다운 부인들
〈정관사+형용사(어미변화)+복수명사〉⇒ 1/4격, 문장 ⇒ 주어/목적어

i***m*** hell-**en** Licht 밝은 빛에서
3격 전치사+〈정관사+형용사(어미변화)+중성명사〉⇒ 3격 전치사구,
문장 ⇒ 장소표시 부사어

• **혼합 변화**Gemischte Adjektivdeklination : 혼합변화는 명사를 수식하는 형용사 앞에 부정관사 〈ein/eine/ein〉과 이에 준하는 〈kein/keine/kein(=nicht ein)〉 그리고 소유대명사 〈mein, dein, sein, euer, ihr〉 등을 사용하는 경우로, 단수 주격과 목적격은 정관사의 격 어미와 똑같은 형태로 변화시키고, 나머지에는 약변화에서처럼 변화어미인 〈-en〉으로 변화를 조율한다.

〈부정관사(류) + 형용사(어미변화) + 명사〉				
	주격	소유격	여격	목적격
남성	er	en	en	en
여성	e	en	en	e
중성	es	en	en	es

ein schön-**es** Wetter 좋은/아름다운 날씨
〈부정관사+형용사(어미변화)+중성명사〉⇒ 1/4격, 문장 ⇒ 주어/목적어

ein grün-**es** Kleid 녹색 원피스 한 벌
〈부정관사+형용사(어미변화)+중성명사〉⇒ 1/4격, 문장 ⇒ 주어/목적어

ein dick-**er** Hund 살찐 개 한 마리
〈부정관사+형용사(어미변화)+남성명사〉⇒ 1격, 문장 ⇒ 주어

Timo hat *ein*-en klein-**en** Hund. 티모는 조그만 개 한 마리를 가지고 있다.
〈부정관사+형용사(어미변화)+남성명사〉⇒ 4격, 문장 ⇒ 목적어

Da steht *ein*-e schön-**e** Frau. 저기에 한 아름다운 여자가 서 있다.
〈부정관사+형용사(어미변화)+여성명사〉⇒ 1/4격, 문장 ⇒ 주어

dein-en von Vater geschenkt-**en**[44] Fußball 아버지께 선물 받은 네 축구공을
〈소유대명사+3격 전치사+남성명사+형용사(어미변화)+남성명사〉⇒ 4격, 문장 ⇒ 목적어

Sie findet *kein*-e sauber-**e** Tasse[45] *im schönen Schrank.*
그녀는 그 멋진 찻장에서 깨끗한 컵을 하나도 찾지 못했다.
〈부정관사류+형용사(어미변화)+여성명사〉⇒ 4격, 문장 ⇒ 목적어

---

44) *'von Vater geschenkten'* ⇨ '전치사+명사+(동사의)과거분사'구문. 독일어 동사의 분사는 형용사로도 사용된다. 예를 들어, 동사 〈singen〉의 현재분사인 〈singend〉와 과거분사인 〈gesungen〉은 다음과 같이 사용할 수 있다.
Sie hören den **singend**en Kindern zu.
그들은 노래하는 어린이들을 경청했다.(어린이들의 노래를 들었다.)
Das **gesungen**e Lied war sehr schön. 부른 노래는 정말 아름다웠다.

• **특수 형용사변화**[Besonderheiten der Adjektivdeklination] : 일부 형용사는 부가적인 용법으로 사용될 때 문자탈락현상을 보인다.

⟨*-er*⟩과 ⟨*-el*⟩로 끝나는 형용사는 문자 ⟨-e⟩ 탈락 후 ⟨**-r**⟩, ⟨**-l**⟩만 유지한다.			
teu***er***	ein teu-**r**-es Kleid 비싼 원피스	**dunkel**	ein dunk-**l**-es Zimmer 어두운 방

형용사 ⟨hoch⟩의 경우에는 ⟨**-ch**⟩의 ⟨-c⟩가 탈락하고 ⟨**-h-**⟩만 유지한다.	
hoch	ein ho-**h**-es Gebäude 한 높은 건물

⟨*etwas, mehr, nichts, viel, wenig*⟩와 같은 부정대명사 뒤에서는 변화한다.
Diese Ausstellung ist *nichts* ***Besonderes***. 이 전시회는 특별한 것은 아닙니다.
Ich habe *viel* ***Interessant-es*** gesehen. 나는 흥미로운 것을 많이 보았습니다.

도시 이름에서 유래한 ⟨**-er**⟩ 형태의 형용사는 변화하지 않는다.	
Berlin	Ich wohne in der Berlin-**er** Allee. 나는 베를린 알레(가로수 길)에 산다.
Köln	Das ist der Könl-**er** Dom. 이것이 쾰른 돔(주교성당)이다.

9.2.2 술어적[Prädikativ] 기능

형용사가 문장술어의 일부가 되는 기능으로 주로 독일어 동사 ⟨sein⟩, ⟨werden⟩, ⟨bleiben⟩, ⟨erscheinen⟩, ⟨heißen⟩ 등과 함께 사용한

---

45) '*keine saubere Tasse*' ⇨ '부정사 ⟨**nicht**⟩ + 부정관사 ⟨**eine**⟩' ⇛ **keine**, '*im schönen Schrank*' ⇨ 'in(전치사) + dem(정관사)' ⇛ **im** 아름다운/멋진 장 안에서 복수형 부정관사는 존재하지 않지만, 복수형 질문에 대한 부정을 할 때는 ⟨kein-⟩의 형태를 이용한 복수형을 사용한다.

A : Haben Sie Kinder? (^{s}Kind, Sg., Kinder, Pl.) 자녀들이 있으신가요?

B : Nein, ich habe **keine** Kinder. 아니오, 전 아이들이 없답니다.

다.[46] 이때 형용사는 부가어 기능을 할 때와는 달리 변화하지 않는다. 이들 동사는 주어와 술어의 주체를 연결하는 기능을 한다. 따라서 이들을 '연사Kopula'라고 한다.

이들 연계낱말은 내재된 의미기능을 통해 구분되는데, 예를 들어 〈sein〉은 일반적 상태의미를 〈werden〉은 상태의 변화경향을, 〈bleiben〉은 상태의미의 계속·유지의미를 내포한다.

Anna **ist gesund**. 안나는 건강하다.
Das Kleid **ist grün/schön.** 그 원피스는 녹색이다/아름답다.
Sie **ist neugierig**. 그녀는 호기심이 많다.
Die Reise **war schön**. 여행은 좋았다.
Anna **wird gesund**. 안나는 (점차) 건강해진다.
Das Wetter **wird schlecht**. 날씨가 (점차) 안 좋아진다.
Es **wird dunkel**. (점차) 어두워져 간다.
Sie **bleibt freundlich**. 그녀는 (계속) 친절하다.
Anna **bleibt gesund**. 안나는 (유지상태) 건강하다 .

술어적 기능을 하는 형용사를 최상급으로 사용하는 경우에는 〈am〉과 함께 사용한다.

Dieses Bild ***ist am schönsten***. 이 그림이 가장/최고로 아름답다.
Von allen Farben ***ist*** mir Rot ***am liebsten***. 나는 모든 색중에서 빨강이 최고/가장 좋다.

---

46) 낱말의 술어적인 기능prädikative Funktion과 술어Prädikat가 되는 낱말은 '주어'나 '목적어'의 상태나 행위과정의 특성을 설명하거나 규정하는 의미론적인 공통점을 가지지만, '술어적인 기능'을 하는 낱말은 주어와 술어 간의 관련성을 이끌어내는 '연사'와 함께 나타나고 정동사가 술어의 핵이 되는 일반 동사와는 같이 나타나지 않는 경향을 보인다. 낱말의 술어적인 기능과 부사어적인 기능에 대해서는 여러 가지 설명방법이나 의견이 존재한다. 이에 대한 내용은 Duden, IDS, Helbig/Buscha를 참조한다.

9.2.3 부사어Adverbial 기능

동사와 함께 주어의 상태나 행위과정의 종류와 방법적 특성을 규정하거나 설명하는 부사어 기능으로 부사처럼 변화하지 않는 경우로 이해한다. 형용사가 부사와 같이 기능한다고 하여 형용사의 부사적 용법이라 한다.

Er *fährt* sehr ***schnell***. 그는 차를 빠르게 운전한다.
Er *spielt* ***gut*** Klavier. 그는 피아노를 잘 친다.
Er *spricht* ***ausgezeichnet*** Deutsch. 그는 독일어를 뛰어나게 구사한다.

이런 용법의 경우, 동사와 긴밀한 관련성을 항상 가지며 형용사의 부가적 용법에서와는 달리 어미변화를 주지 않는다. 의문부사로 이끌어지는 보충의문문에 대한 대답을 위한 문장구성을 위해서는 필수요소가 된다. 하지만 필수요소가 아닐 경우 즉, 추가의미적인 기능을 포함하는 경우에는 의사소통상황에서 생략할 수도 있다.

⇒ **Wie**/Wo liegt Peter? 어떻게/어디에 페터가 누워있지?
Peter *liegt* ***faul*** auf dem Sofa. 페터는 소파에서 게으름 피우며 누어있다.

⇒ **Wie**/Wo singt er? 그가 어떻게 노래하니?
Er *singt* ***laut***. 그가 크게 노래한다.

⇒ **Wie** liest der Vater? 아버지가 어떻게 읽으시니?
Der Vater *liest* ***laut*** *vor*. 아버지가 큰 소리로 읽으신다.

⇒ **Wie** scheint die Sonne? 태양이 어떻게 비치니?
Die Sonne *scheint* ***warm***. 태양이 하늘에서 따뜻하게 비친다.

⇒ **Wie** fahren wir mit dem Fahrrad? 우리 자전거로 어떻게 달리지?
Mit dem Fahrrad *fahren* wir ***schnell***. 우리는 자전거로 빨리 달린다.

9.2.4 명사적Nominativ 기능

〈(관사) + 형용사 + 명사〉로 형성된 어형에서 〈명사〉부분이 생략된 〈(관사) + 형용사〉의 형태로 형용사가 이미 앞선 의사소통상황에서 언급되고 이 때문에 더 이상은 형용사 뒤에 나오지 않는 명사를 포함하는 기능을 하는 경우로 이해한다. 형용사 어형변화는 〈(관사) + 형용사 + 명사〉에 준하는 변화를 적용한다. 이때 형용사는 명사처럼 대문자로 표기한다.

Da steht ***ein-e** schön-**e** Frau*.

저기에 한 아름다운 여자가 서 있다.

⇒ ***Diese** Schöne* (= dies-e **S**chön-***e*** Frau) wartet auf ihren Freund.

이 미녀는 그녀의 남자친구를 기다린다.

Ich habe gestern *mit ein-em Bekannt-**en*** (= mit **B**ekannt-***em*** Mann) gesprochen.

어제 나는 아는 남자와 이야기를 했다.

Er kennt *den Blond-**en*** (= den ***B**lond-**en*** Mann) dort an der Theke.

그는 저기 카운터에 있는 금발남자를 안다.

Weiß du schon ***das Neuest-e***?

너 벌써 신상품/새것 것을 알고 있니?

Wir wünschen euch ***alles Gut-e***!

우리는 당신들에게 모든 행운을 빕니다!

Der Ältest-e soll mit dem Spiel beginnen.

연장자가 게임을 시작해야 한답니다.

Der Vorsitzend-e heißt Schneider. 의장은 쉬나이더입니다.

Im Westen nichts ***Neu-es***. 서부전선 이상 없음.

9.3 형용사의 비교형태Komparationsform/Vergleichsform des Adjektives

형용사는 비교 형태에 따라 서로 다른 모양을 형성한다. 비교를 위한 기본 형태를 원급Positiv/Grundstufe, 비교우위를 표현하는 형태를 비교급Komparativ/Höherstufe 그리고 최상위를 표현하는 형태를 최상급Superativ/Höchststufe으로 구분한다. 특히, 최상급을 이용해 직접적인 비교대상 없이도 최고임을 표현할 수 있는데, 이를 최상급absoluter Superlativ/Elativ으로 구분을 한다.

원급Positiv/Grundstufe 비교특성 동등정도 표현	비교급Komparativ/Höherstufe 비교특성 우열정도 표현	최상급Superativ/Höchststufe 비교특성 최고정도 표현
arm 가난한	ärm**er**	**am** ärm**sten**
groß 커다란	größ**er**	**am** größ**ten**
jung 젊은	jüng**er**	**am** jüng**sten**
klein 작은	klein**er**	**am** klein**sten**
leicht 가벼운	leicht**er**	**am** leichte**sten**
schön 아름다운	schön**er**	**am** schön**sten**
schwer 어려운	schwer**er**	**am** schwer**sten**
stark 강한	stärk**er**	**am** stärk**sten**

형용사를 부가적인 그리고 명사적인 용법으로 사용하면 비교급에는 〈-er〉, 최상급에는 〈-st〉를 첨가한다.

Er ist der *jüng*-**er**-e von zwei Brüdern. 그는 두 형제 중 어리다.

Sie ist aber die *jüng*-**st**-e von drei Schwestern. 그녀는 세자매 중 가장 어리다.

Der Betrieb arbeitet mit *modern*-**st**-en Maschinen.

그 회사는 최신 기계로 작업을 한다.

Er hatte nicht die *gering*-**st**-e Ahnung, woher die Geräusche kamen.

그는 어디에서 그 소리가 나오는지 도무지 알지 못했다.

그 이외의 형용사 용법에서는 원급이 사용되는 경우에는 비교부사인 〈wie ~같은〉, 비교우위를 표현하는 경우에는 〈als ~보다〉 그리고 최상위를 표현하는 경우에는 〈am 제일 ~한〉을 함께 사용한다.

Die Königin ist *schön.* 그 여왕은 아름답다.
Schneewittchen ist aber *schön***er** (als die Königin).
  백설공주는 (그녀와 비교하면) 더 아름답다.
Sie ist **am schönsten** (im Vergleich zu allen).
  그녀는 (모든 이와 비교해도) 최고로 아름답다.
Hannah ist so *groß* **wie** Jonas. 하나는 요나스와 키가 비슷하다.
Jonas ist *größ***er als** du. 요나스는 너보다 키가 크다.
Ich bin von uns allen **am** *größ***ten**. 내가 우리들 모두 중에 가장 크다.

• 비교형태 형성[Bildung der Komparationsformen] : 어떤 형용사들은 비교형태 변화를 하는 과정에서 전혀 다른 형태의 낱말을 취하는 불규칙 비교변화를 한다.

원급[Positiv]	비교급[Komparativ]	최상급[Superativ]
gut 좋은	besser	am besten
viel 많은	mehr	am meisten
wenig 적은	weniger	am wenigsten

불규칙 비교변화를 하지 않는 대부분의 비교형태 변화 형용사들은 비교급에는 문자 〈-er〉, 최상급에는 문자 〈-st〉를 이용하여 비교우위 정도를 반영한다.

<table>
<tr><th>비교어미</th><th>최상어미</th><th>원급</th><th>비교급</th><th>최상급</th></tr>
<tr><td>〈-er〉</td><td>〈-st〉</td><td>tief 깊은</td><td>tief-er</td><td>tief-ste</td></tr>
<tr><td>〈-er〉</td><td>〈-st〉</td><td rowspan="2">warm 따뜻한</td><td rowspan="2">wärm-er</td><td rowspan="2">wärm-ste</td></tr>
<tr><td colspan="2">변모음[Umlaut]</td></tr>
<tr><td>〈-er〉</td><td>〈-st〉</td><td rowspan="2">hoch 높은
nah 가까운</td><td rowspan="2">höh-er
näh-er</td><td rowspan="2">höch-ste
nä-ch-ste</td></tr>
<tr><td colspan="2">변모음[Umlaut]
자음교체[Konsonantenwechsel]</td></tr>
<tr><td>〈-er〉</td><td>〈-st〉</td><td rowspan="2">dunkel 어두운</td><td rowspan="2">dunk-l-er</td><td rowspan="2">dunkel-ste</td></tr>
<tr><td colspan="2">〈-e〉탈락[〈-e〉Ausfall]</td></tr>
<tr><td>〈-er〉</td><td>〈-est〉</td><td rowspan="2">heiß 뜨거운</td><td rowspan="2">heiß-er</td><td rowspan="2">heiß-e-ste</td></tr>
<tr><td colspan="2">〈-e〉추가</td></tr>
<tr><td>〈-er〉</td><td>〈-est〉</td><td rowspan="2">kalt 차가운</td><td rowspan="2">kält-er</td><td rowspan="2">kält-e-ste</td></tr>
<tr><td colspan="2">변모음[Umlaut]</td></tr>
</table>

형용사들 중에는 비교형태가 존재할 수 없는 것과 문맥에 따라 비유적인 의미로만 제한되어 비교형태변화를 하는 형용사들도 있다. 이런 형용사는 비교개념 없이 일반적 최고정도를 표현[Elativ]하거나 절대의미를 갖기 때문이다. 예를 들어, 색깔을 표현하는 〈gelb 노란〉, 〈grün 초록〉, 〈rot 빨간〉 등과 같은 형용사는 비교와 최상급 사용이 문맥에 따라 사용하기가 쉽지 않다. 특히, 아래의 형용사들은 비교특성의 우열정도표현을 위해 사용하기가 여의치 않다.

특성표현	관련형용사
절대의미	tot 죽은, lebendig 살아있는, blind 눈먼, taub 귀먹은, stumm 벙어리의, kinderlos 무자식의, nackt 발가벗은, sterblich 죽을 운명의
최고표현	maximal 최대인, minimal 최소인, optimal 최선의, total 전체적인, absolut 절대적인, erstklassig 일등급인, super 최고의
형태표현	rund 둥근, viereckig 사각의, quadratisch 네모난, dreiförmig 삼각형인, birnenförmig 배 모양인
관계표현	jetzig 지금의, wirtschaftlich 상업적인, karibisch 카리비안지역의, steinreich 돌처럼 많은, blitzschnell 번개처럼 빠른
연산표현	eins 1, drei 3, halb 절반, siebenfach 일곱 배, ganz 전부, einzig 유일한, beide 두 개인, viel 많은

우열정도를 표현하기 위해 이들을 사용되기 어려운 이유는 이들의 의미가 절대적인 내용이거나 비교우위적인 의미가 이미 낱말 그 자체에 내포되어 있기 때문으로 이해된다. 동사의 어형변화(위 4장)에서 대부분 자주 사용되는 동사들이 불규칙적으로 변화하는 것을 관찰할 수 있던 것과 같이 빈번하게 사용되는 몇몇의 형용사들의 비교 형태와 최상급 형태는 불규칙적으로 형성되는 것을 관찰할 수 있다. 비교-체계적인 기술에도 불구하고 개별형용사의 비교형태 변화와 그 형성은 명사의 성을 파악하는 방법에 준해서 이해하는 것이 언어사용을 위해서 편리하다.

9.4 형용사 생성 Wortbildung des Adjektivs

독일어를 사용하는 의사소통상황에서는 기본 낱말의 파생 Ableitungen/Derivationen 과 합성 Zusammensetzungen 원리를 이용해서 새로운 형용사를 만들어 사용할 수 있다. 선행 또는 후행하는 기저어 Grundwort 를 중심으로 규정어 Bestimmungswort 를 첨가하는 형용사 생성은 의사소통의 원활한 전개에 목적을 둔 화자의 능동적이고 적극적인 언어생성활동이다.

형용사 생성종류	
파생 Ableitungen/Derivationen	합성 Zusammensetzungen
a-typisch 변칙적인,	*koch-fertig* 요리할 준비가 된,
in-tolerant 관용이 없는	*hell-rot* 밝은 빨강
fehler-*haft* 실수투성인	*stein-hart* 돌같이 단단한
sand-*ig* 모래 같은	*nass-kalt* 습기가 밴 한기

파생과 합성을 통해 새로운 형용사를 만들어 의사소통수단으로 사용한다는 것은 함께 조합되는 낱말 각각에 대한 지식은 물론 합해져 생산되는 형용사 용법의 이해와 긴밀한 관련을 갖는다. 새롭게 만들어진 형용사낱말은 형용사용법에 준용해서 사용한다.

기본낱말 Basiswort +접미어 Suffix		의미 Bedeutung	생성된 새 형용사 낱말 및 예시
명사+	-haft	특성/특징을 표시	traumhaft, zwanghaft
	-los	~ 없이	arbeitlos, zwanglos
	-ig	특성/특징을 표시	sonnig, eisig, bissig
	-isch	출신/출처/소속표시	italienisch, berlinerisch
	(외래어) + -isch	~에 해당하는	demokratisch, solidarisch, geografisch
	-lich	특성/특징을 표시	jugendlich, winterlich

기본낱말[Basiswort] +접미어[Suffix]		의미[Bedeutung]	생성된 새 형용사 낱말 및 예시
동사어간 +	-bar	~이 가능한	teilbar, hörbar, machbar
	-sam	~의 특성을 표시	arbeitsam, sparsam, grausam
	-haft	~의 특성을 표시	lebhaft
	-ig	~의 특성/상태 표시	wackelig
	-(er)isch	~의 특성을 표시	kämpferisch, malerisch
	-lich	~의 특성을 표시	freundlich, lächerlich, ärgerlich

두 개 이상 낱말의 합성[Zusammensetzungen]으로 형성된 형용사의 비교형태들[Steigerung zusammengesetzter Adjektive]은 두 가지 경우로 분류한다.

첫째는 두 개의 구성요소가 그들 원래의 의미를 그대로 유지해서 사용하는 경우로, 이때는 첫 번째 형용사를 비교변화하고 두 번째 형용사는 원래형태로 앞의 형용사 뒤를 따른다. 새로운 정서법(Duden 1 2017[29]: 1002-1003)에 의하면 두 형용사낱말을 분리해서 글말로 쓴다.

〈**schwer**〉어려운 + 〈**ver-ständ-lich**〉이해하는 ⇒ 〈**schwer-ver-ständ-lich**〉이해하기 어려운	
원급[Positiv]	*ein **schwer verständlich-er*** Text 이해하기 어려운 텍스트
비교급[Komparativ]	*ein* noch ***schwer-er*** *verständlich-er* Text *더* 이해하기 어려운
최상급[Superativ]	***der am schwer-sten*** *verständlich-e* Text *가장* 이해하기 어려운

둘째는 형용사구성요소 중에서 명사와의 의미관계에서 중심을 이루는 형용사를 비교형을 만드는 경우로, 이때는 의미관련성을 포함하는 낱말 또는 결속력이 강한 낱말을 비교급 형태와 최상급형태로 변

화한다. 의미 결속력이 강한 낱말들은 서로 가까이에 나타나는 경향을 보인다.

Sie ist in alt-*modisch*-**st**-er Kleidung aufgetreten.
그녀는 최고 옛날(에 유행한) 원피스를 입고 등장했다.
Er hatte die hoch-*fliegend*-**st**-en Pläne.
그는 야심 찬 계획들을 가지고 있었다.

9.5 부사[Adverb]

부사는 개별 낱말과 낱말뭉치 그리고 문장에 관여하여 일어난 일의 상황의 장소-시간-종류 및 방법-원인-목적 등을 표시할 때 사용한다. 부사는 원래 변화하지 않는 낱말이지만 그중 비교의미를 포함하는 몇몇은 원래의 다른 부사와는 다르게 비교변화를 한다.

9.5.1 부사의 기능[Funktion des Adverbs]

부사를 사용할 때 우리는 문장주어의 행위와 과정 및 상태를 〈언제 wann〉, 〈어디서 wo〉, 〈어떻게 wie〉, 〈왜 warum〉 그리고 도대체 〈어떤 목적으로 wozu〉에 근거하여 기술하는 부사기능에 중점을 둔다.

Sie liest gern Krimis. 그녀는 범죄소설을 즐겨 읽는다.

⇒ 문장술어인 〈liest〉에 접해 주어행위 '어떻게?'를 〈gern〉으로 규정

⇝ 언제? 왜? **어떻게?** 어디서? 무슨 목적으로?

Er fährt heute zum Schwimmbad. 그는 오늘 수영장에 간다.

⇒ 문장술어에 접해 '언제?'를 〈heute〉로 규정하고 이를 통해 문장을 수식

⇝ **언제?** 왜? 어떻게? 어디서? 무슨 목적으로/이유로?

Er fährt sehr früh los. 그는 아주 일찍 떠난다.

⇒ 다른 부사에 접해 '언제?'를 '어떻게-언제?'인 〈sehr〉-〈früh〉로 규정

⇝ **언제?** 왜? **어떻게?** 어디서?

부사는 문장에서 부사어 구성의 핵심을 이루며 문장의 핵심인 문장술어와 다른 부사 및 전치사구로 형성된 부사어 그리고 형용사의 의미를 부가하는 기능을 한다. 특히, 부사가 문장술어와 전체문장을 수식하는 경우에는 부사규정어[adverbiale Bestimmung]로서 독립적인 문장구성 성분이 된다.

***Gestern** hat* es *viel geregnet*. 어제는 비가 많이 왔다.

***Hier** entstehen* zwanzig Neubauten. 여기에 새집 20채가 들어선다.

Ich *finde* ihn ***sehr** nett*. 나는 그를 친절하다고 본다.

Ich *konnte **leider** nicht kommen*. 유감스럽게도 오지 못했습니다.

Du *sagst* mir das ***erst** jetzt*. Warum?

지금에서야 이것을 말하는구나. 왜?

Warum *sagst* du mir das ***erst** jetzt*?

겨우 지금에서야 이걸 말하는 이유가 뭐니?

Ich *bin* in zwei Tagen ***spätestens** zurück*.

내가 아무리 늦어도 이틀 뒤에는 온다.

부사(규정)어[Adverbial] 기능을 하는 부사들은 〈언제[wann]〉, 〈왜[warum]〉, 〈어떻게[wie]〉, 〈어디서[wo]〉, 〈어떤 목적으로[wozu]〉를 표현하는 순서로 문장에서 구분한다. 부사가 명사나 명사낱말뭉치를 수식하는 경우에는 수식하는 말뭉치의 뒤쪽에 배열한다.

Die Vorstellung ***gestern*** war ausverkauft. 어제 공연은 매진이었다.

Die zweite Straße ***links*** führt zum Bahnhof.

왼쪽 두 번째 길이 역으로 가는 길이다.

전치사로 이끌어지는 전치사말뭉치를 수식하는 경우에는 수식하는 말의 앞과 뒤에 둘 수 있다. 특히, 앞과 뒤 그리고 말뭉치 안에서도 부사의 위치를 정할 수 있다.

Bald *nach dem Vorfall* ist sie weggegangen.

그 돌발사고가 있고 얼마 되지 않아 그녀는 떠났다.

In dem Haus ***dort*** haben wir früher gewohnt.

전에 우리는 저기 그 집에서 살았다.

Die Läden schließen hier ***schon*** *um achtzehn Uhr*.

여기 상점들은 오후 6시면 이미 문을 닫는다.

Ich bin *in* ***spätestens*** *zwei Tagen* zurück.

내가 아무리 늦어도 이틀 뒤에는 온다.

⇒ Ich bin ***spätestens*** *in zwei Tagen* zurück.

⇒ Ich bin *in zwei Tagen* ***spätestens*** zurück.

부사와 부사의 복합기능을 이용하면 문장의미를 보다 더 섬세하게 구성하거나 일어난 사실이나 기술하는 인물을 발화의도에 부합하게 표현할 수 있다.

9.5.2 부사의 비교 어형변화^Steigerungsform von Adverbien^

부사는 어형변화를 하지 않고 사용하지만, 일부 부사는 비교변화를 할 수도 있다. 이때 비교급 및 최상급 어형은 원급어형에 의존해 형성하지 않고 다른 낱말을 기반으로 변형해야 하는 경우가 대부분이다.

부사 비교 어형 변화

원급Positiv	비교급Komparativ	최상급Superativ
gut 좋은	besser	am besten
oft 자주	öfter	am häufigsten
bald 곧	eher	am ehesten
gern 기꺼이	lieber	am liebsten
sehr 아주	mehr	am meisten

9.5.3 부사의 종류

부사의 종류는 낱말로서의 부사가 문장 안에서 어떤 의미적인 기능을 보이는지에 따라 시간-원인-방법 및 종류-장소-목적표시부사로 구분할 수 있다. 문장에서의 여러 부사어를 사용해야 하는 경우에는 시간temporal-원인kausal-방법/종류modal-장소lokal-목적final에 준해서 배열한다.

의미표시	질문·의문형태	관련부사
시간	wann? 언제? seit wann? 언제부터? bis wann? 언제까지? wie lange? 얼마나 오래?	stets항상, immer언제나, allzeit항시, bisher지금까지, neuerding최근, gestern어제, heute오늘, morgen내일, jemals(과거나 미래)언젠가, nie한 번도 없음, niemals한 번도 없음, schon이미, früh(-er)전에, vorher그전에, einst옛날에, jetzt지금, später나중에, bald곧, morgens아침에, mittags점심에, abends저녁에, winters겨울에, tagelang몇 칠 동안, jahrelang 수년 동안, zeitlebens 한평생, ewig영원히, …
das Einst und das Jetzt예와 지금, nie und nimmer전혀 (없는)		

의미표시	질문·의문형태	관련부사
원인	warum? 왜? weshalb? 왜? wodurch? 무엇 때문에?	deshalb그 때문에, daher그렇기 때문에, darum그런 까닭에, deswegen그 때문에, demzufolge그러니까, folglich그 결과, dadurch그러니까, …

의미표시	질문·의문형태	관련부사
종류/ 방법	wie?/Art 어떻게?/종류 wie?/Weise 어떻게?/방법 wie?/Häufigkeit 어떻게/빈도	gut잘, schlecht나쁘게, gern기꺼이, allein홀로, fast거의, beinahe거의, zusammen함께, kaum(아마)…하지 않는, allerdings물론, genau정확히, gewiss확실한, doch그러나, durchaus무조건, leider유감스럽게, nur단지, wenig조금, teilweise부분적으로, gleich동시에, dadurch그런 방식으로, damit그 것으로, absichtlich의도적으로, ja예, nein아니오, wahr진실로, vielleicht아마도, nicht아닌, selten드물게, oft자주, einmal한번, nochmals다시반복, täglich매일, …

의미표시	질문·의문형태	관련부사
장소	wo? 어디? wohin? 어디로? woher? 어디서?	hier여기, da거기, dort그곳, oben위쪽, unten아래, überall도처에, innen안쪽, draußen바깥, darum그 주변에, dahin그곳으로, dorthin저곳으로, hierher 이곳으로, daher거기서부터, …

의미표시	질문·의문형태	관련부사
목적	wozu? 무슨 목적으로?	dazu그것을 목적으로, dafür그것을 위해서, …

9.5.4 부사의 생성Wortbildung des Adverbs

독일어 의사소통과정에서는 원래의 부사 이외에도 다른 낱말에 부사를 유도하는 접미어를 붙여서 새 낱말을 생성하는 파생Ableitungen/Derivationen과 두 낱말을 합성Zusammensetzungen 하는 방법을 통해 새로운 부사를 만들어 사용할 수 있다.

파생부사		
morgen-s아침에	ost-wärts동쪽으로	früh-sten-s(아무리)일찍이라도
abend-s저녁에	tal-wärts계곡쪽으로	glücklich-er-weise행복하게도
anfang-s처음에	zugegeben-er-maßen 고백한대로	seltsam-er-weise아주 드물게

합성부사는 낱말 〈da〉, 〈hier〉, 〈wo〉 + 〈전치사〉의 조합 형태로 구성하고, 모음표시문자 〈a, e, i, o, u〉로 시작하는 〈전치사〉를 사용하게 되는 경우에는 〈da-r-an〉, 〈da-r-in〉, 〈vor-aus〉에서와 같이 〈-r-〉가 합성

되는 두 낱말 사이에 나타나도록 한다.

합성부사	
daran그 곳에/그것에	dabei거기에/그때에/그 일로
darin그곳으로/그 속으로	dahinter저 뒤에/그 뒤에
danach그 다음에/그 후에/그것을 따라서	darüber그에 관해/그 위에/그 이상의
dazwischen그 중간에/그 사이로	hieran여기 이것에/여기 이곳 곁에
hierauf여기(/지금 말한 이곳) 위에/곁에	hierdurch여기를 지나/이런 까닭으로
hierfür이 목적을 위해	hierneben이것과 나란히/바로 곁에
hiermit이것으로써/이것에 의해서	hierunter 여기/이 아래에/지금 말한 것 때문에
hiervor여기 이곳/이것 앞에 것에 대해	voraus앞에/앞서서
wobei어떻게 하다가/어떤 일로/…하면서	worin(바로)그 안에서/그 점에서
worüber(바로)그것에 관해/그것 때문에	wovon바로 그 장소(일/물건)로부터
wovor어느 장소 앞에/바로 그 앞에	wozu무슨 의도로/무엇 때문에

이런 합성부사들 예를 들어 〈darüber〉, 〈darauf〉, 〈hiermit〉 등과 같은 부사는 사건이나 사물을 표현하는 명사절이나 명사구 그리고 전치사로 이끌어지는 전치사구(부사어)를 대신하여 마치 대명사처럼 사용해서 문장을 구성할 수 있다.

Kann ich mich *darauf* verlassen, *dass die Hausarbeit bis morgen früh fertig ist*?
내일 아침까지 집안일이 마감된다고/숙제가 끝난다고 기대할 수 있습니까?
Wir diskutieren gerade über die Vorfahrtregelung. Weißt du etwas Genaueres *darüber*? 우리 우선통행에 대해서 논의 중인데, 너 정확한 것 좀 알고 있니?
Hiermit möchte ich nichts zu tun haben. 이로써 저는 더 관련 없기를 바랍니다.

10. 전치사[Präposition]

독일어 전치사를 장소를 표시하는 부사에서 유래하고 낱말간의 관계를 표시하는 낱말로 이해한다. 우리는 전치사의 특성에 기반하여 명사 및 명사동반낱말의 기능을 조율하기 때문에 이에 따른 어미변화에 각별히 유의한다.

10.1 전치사의 기능[Funktionen von Präposition]

문장에서 부사적인 기능을 하는 전치사 말뭉치는[Präpositionalphrase] 〈전치사 +(관사류/형용사)+ 명사〉로 구성한다. 이들은 문장술어를 수식하고, 이를 통해 문장 전체를 수식한다. 특정한 명사를 부연·수식하는 경우에는 수식하는 명사 뒤에 위치하도록 조정을 한다.

의사소통상황에서 전치사를 포함하는 전치사 낱말뭉치는 1차적으로는 장소표시[lokal]인 '어디에서(3격)'를 근간으로 언제[temporal]-왜[kausal]-어떻게[modal]를 구체적으로 표현하는데 주로 사용한다. 특히, '시간, 인과관계, 방법, 장소' 등의 의미관계 확대를 통해 은유적 전달정보를 표현한다. 이런 경우에는 3격과 4격의 격변화를 통해 전치사낱말뭉치 어형에 변화를 준다.

표시영역	예시
장소[lokal] **wo?**	an, auf, aus, bei, in, nach, vor, zwischen
	an (der Grenze) 경계에서, auf/in (dem Hof) 안마당에서, aus (Korea) 한국에서, bei (mir) 내 곁에, in (der Stadt) 도시에서, neben (dem Haus) 집 옆에서, über (den Wolken) 구름 위에서, vor (der Tür) 문 앞에서

표시영역	예시
언제[temporal] **wann?**	ab, bis, gegen, mit, unter, vor, um, während, zwischen
	an (diesem Tag) 이 날에, in (der nächsten Woche) 다음 주에, seit (zwei Jahren) 2년이래에, um (12 Uhr) 12시에, während (des Krieges) 전쟁 중에, von 2 bis 4 Uhr/zwischen 2 und 4 Uhr 두시에서 네 시 사이에

표시영역	예시
왜[kausal] **warum?** **wozu?**	aus, dank, durch, für, über, wegen, trotz, zu
	wegen (Bauarbeiten) 공사로 인해, dank (seiner Hilfe) 그의 도움 덕에, aus (Mitleid) 동정심에서, durch (Neugierde) 호기심으로 인해

표시영역	예시
방법[modal] **wie?**	bis, dank, durch, gegen, mit, ohne
	ohne (mein Wissen)내가 모르게, mit (ihrer Zustimmung)그녀의 허락으로, gemäß (den Vorschriften)규정에 의거해서, gegen (seinen Rat)그의 충고에 반해서

우리는 전치사낱말뭉치를 구성하기 위해 전치사들을 ① 동반하는 낱말들 없이도, ② 다른 전치사와 함께 동시에도 사용할 수 있다. 예

를 들어, '시간, 장소, 연령' 등을 표시하는 전치사 〈ab〉, 〈bis〉, 〈zu〉 등 여러 전치사는 다음과 같이 사용될 수도 있다.

〈**ab wann?** 언제부터〉

ab ersten Juli 7월 1일부터

Ab sofort rauche ich nicht mehr. 지금부터 담배를 피우지 않는다.

Ab 2010 fährt die neue KTX. 2010년부터 KTX가 운행된다.

Ab nächsten Monat ist dieser Laden geschlossen. 다음 달부터 이 가게는 폐점한다.

〈**von wo ab?** 어디서부터〉

ab unserem Werk. 우리 공장에서부터

Der Zug fährt *ab* Hauptbahnhof Seoul. 이 기차는 서울 중앙역에서부터 운행한다.

〈**ab wie alt?** 몇 살부터〉

Dieser Film ist erst *ab* 18 Jahre zugelassen. 이 영화는 18세 이상 관람가다.

〈**bis** ~까지〉

Bis zur Nordsee brauchst du noch zwei bis drei Stunden.

북해까지는 아직도 2~3시간이 더 필요하다.

Bis vor kurzer Zeit hatte er noch keinen Wagen.

그는 얼마 전까지도 아직 차가 없었다.

Der Schaden wird *bis zu* 500 Euro ausmachen.

손해는 500 유로정도까지도 될 수 있을 것이다.

〈**nach** ~로〉

Er ist für einen Tag nach Seoul gefahren.

그는 하루(나들이)를 위해 서울로 갔다.

〈**außer** ~이외에〉

Haben Sie außer uns noch andere Bekannte in dieser Stadt?

이 도시에 우리 말고 아시는 분이 더 있습니까?

10.2 전치사의 종류

전치사는 동반하는 낱말의 격을 유도하는 특성을 갖는다. 우리가 전치사를 포함하는 말뭉치를 형성하는 과정에서 일정하게 '목적격(4격)', '여격(3격)', '소유격(2격)' 말뭉치를 유도하는데 사용하는 전치사를 '단순 격변화 전치사'로 분류한다. 이와는 달리 말뭉치를 형성하는 과정에서 여격(3격) 변화는 물론 목적격(4격) 변화도 유도하는 전치사를 '복합 격변화 전치사'로 분류한다.

복합 격변화	목적격/여격	an, auf, hinter, in, neben, über, unter, vor, zwischen
단순 격변화	목적격	bis, durch, für, gegen, ohne, um
	여격	aus, außer, bei, gegenüber, gemäß, mit, nach, seit, von, zu
	소유격	außerhalb, innerhalb, statt, trotz, während, wegen

여격/목적격	**an**, auf, hinter, in, neben, über, unter, vor, zwischen
an ⇒	**wo?** Wart ihr an der Nordsee? 너희들 북해에 가봤니? Das Bild hängt an der Wand. 그 그림이 벽에 걸려있다. **wohin?** Er hängt das Bild an die Wand. 그는 그림을 벽에 걸었다. Wir fahren morgen an den Tegernsee. 우리는 내일 테간호수로 간다. **wann?** Am Abend ist er nie zu Hause. 그는 저녁에 항상 집에 없다. (am Anfang 처음에, am Ende 끝에, am Wochenende 주말에, am Tage 낮에, am Morgen 아침에, in der Nacht 밤에) An Feiertagen sind die Geschäfte geschlossen. 상점들은 휴일에 휴업한다. Er ist am 15. Juni in Wolfsburg geboren. 그는 6월 15일 볼프스부르크에서 태어났다.

	Im Juni dieses Jahres zogen wir nach Braunschweig um. 올해 유월에 우리는 부라운슈바이크로 이사했다.

여격/목적격	an, **auf**, hinter, in, neben, über, unter, vor, zwischen
auf ⇒	**wo?** Der Wein steht auf dem Tisch. 포도주가 테이블 위에 있다. Auf der Autobahn darf man oft nur 130 km/h fahren. 고속도로에서도 자주 시속 130이하로만 운행이 허용된다. **wohin?** Stell bitte den Wein auf den Balkon. 포도주를 발코니에 세워주렴. Sie rennen auf die Straße, ohne auf die Autos zu achten. 그들은 자동차에 주의하지 않고 길 위를 달린다.

여격/목적격	an, auf, **hinter**, in, neben, über, unter, vor, zwischen
hinter ⇒	**wo?** Die Passkontrolle war gleich hinter der großen Tür. 여권검사대는 바로 커다란 문 뒤에 있었다. **wohin?** Leg bitte das Gepäck hinter den Rücksitz. 그 짐을 뒷좌석 뒤로 놓으렴.

여격/목적격	an, auf, hinter, **in**, neben, über, unter, vor, zwischen
in ⇒	**wo?** Was machst du so lange in der Küche? 그렇게 오랫동안 부엌에서 무엇을 하니? Das Bier liegt im Kühlschrank. 맥주가 냉장고에 있다. Hans ist schon 5 Jahre im Ausland. 한스는 벌써 5년을 외국에 있다. **wohin?** Hast du das Bier in den Kühlschrank gelegt? 맥주를 냉장고에 넣어 두었니? Jürgen ging in ein Kaufhaus und kaufte ein. 유르겐은 백화점으로 갔고 쇼핑을 했다. Anna geht bald ins Ausland. 안나는 곧 외국으로 간다.

	wann? in welcher Zeit? Die Kinder fahren im Winter oft Ski. 겨울에 아이들은 자주 스키를 탄다. In einer Woche bin ich wieder zurück.나는 일주일 안에 다시 온다. In 14 Tagen beginnen die großen Ferien. 14일 뒤에 긴 방학이 시작된다. Diese Arbeit muss in 3 bis 4 Tagen geschafft werden. 이 작업은 3일이나 4일 안에 마감이 되어야 한다.

여격/목적격	an, auf, hinter, in, **neben**, über, unter, vor, zwischen
neben ⇒	**wo?** Links neben dem Museum liegt die Staatsbibliothek. 박물관의 왼쪽에 국립도서관이 있다. Er saß direkt neben mir. 그는 바로 내 옆에 앉았다. **wohin?** Er setzte sich neben mich. 그는 내 옆으로 와 앉았다.

여격/목적격	an, auf, hinter, in, neben, **über**, unter, vor, zwischen
über ⇒	**wo?** Die Frau wohnte direkt über mir. 그 부인은 바로 내 집 위층에 살았다. **wohin?** Mit dem Zug fahre ich über den Rhein. 나는 기차로 라인강을 건넜다. Ich fahre über Wien nach Ungarn. 나는 빈을 거쳐 헝가리로 갔다. **wie? wie lange?** Sie musste beim Arzt über eine Stunde warten. (= mehr als eine Stunde) 그녀는 의원에서 한 시간 이상 기다렸다. Im Mittelmeer kann man das ganze Jahr über baden. (= während des ganzen Jahres) 지중해에서는 일 년 내내 수영할 수 있다.

여격/목적격	an, auf, hinter, in, neben, über, **unter**, vor, zwischen
unter ⇒	**wo?** Wir warteten unter einem Baum, bis der Regen aufhörte. 우리는 비가 그칠 때까지 나무 아래에서 기다렸다. **wohin?** Er setzte sich unter den Sonnenschirm. 그는 파라솔 아래로 와서 앉았다. **wie hoch**? Das Hotelzimmer kostet bestimmt unter 200 Euro. (= weniger als 200 €) 호텔객실은 틀림없이 200유로 이하이다.

여격/목적격	an, auf, hinter, in, neben, über, unter, **vor**, zwischen
vor ⇒	**wo?** Wir treffen uns vor der Tür des Restaurants. 우리 식당 문 앞에서 만난다. **wohin?** Stellen Sie doch die Blumen vors Fenster. 그 꽃을 창 앞에 세우시지 그래요. **wann?** Vor wenigen Jahren ist Karlos verstorben. 몇 년 전에 칼로스가 세상을 떠났어. Das Geschäft wurde vor drei Wochen geschlossen. 가게들 문이 3주전에 닫쳤어. Wir gehen vor dem 20. Juli in Urlaub. 우리는 7월 20일 전에 휴가를 간다. **wie spät ist es?** Es ist 20 vor drei. 지금 시간이 3시 20분전입니다.

여격/목적격	an, auf, hinter, in, neben, über, unter, vor, **zwischen**
zwischen ⟹	**wo?** Die Polizeikontrolle war zwischen den Krankenhäusern. 경찰 검문이 병원들 사이에 있었다. **wohin?** Sie setzt sich zwischen Klaus und seinen Freund. 그녀는 클라우스와 그의 친구 사이로 와서 앉았다. **wann?** Ich komme zwischen 2 und 3 Uhr. 나는 두시와 세시 사이에 온다. **wie? wie lange?** Die Arbeitszeit liegt zwischen 40 und 48 Stunden. 노동시간은 40에서 48시간 입니다.

복합 격변화 전치사, 예를 들어 〈auf, in, unter, über〉와 같은 장소표시 전치사들은 사용하려는 동사의 의미에 따라 여격(wo 어디에/고정장소)과 목적격(wohin 어디로/이동 방향)을 유도한다.

Das Buch **liegt** auf **dem** Tisch. 그 책은 탁자 위에 놓여 있다.
(liegen⟹ 상태동사 ⇨ wo)

Ich **lege** das Buch auf **den** Tisch. 나는 그 책을 탁자 위에 놓는다.
(legen⟹ 행위동사 ⇨ wohin)

Ich **bin** in **der** Schule. 나는 학교에 있다.
(sein⟹ 상태동사 ⇨ wo)

Ich **gehe** in **die** Schule. 나는 학교 안으로 간다.
(gehen⟹ 행위동사 ⇨ wohin)

동일한 전치사가 '고정된 장소'를 표시할 때는 여격/3격을, '장소이동'

및 '방향'을 표시할 때는 목적격/4격을 유도하는 전치사를 사용한다.

A : ***Wo*** sitzt sie? 그녀가 어디에 앉아있지요?
(장소를 묻는다. ⇨ 〈auf dem Sofa〉)
B : Sie sitzt ***auf dem Sofa***. 그녀는 소파에 앉아있네요.

A : ***Wohin*** geht sie? 그녀가 어디로 가나요?
(장소이동을 묻는다. ⇨ 〈in die Küche〉)
B : Sie geht ***in die Küche***. 그녀는 부엌으로 가네요.

일반적으로는 문장술어동사의 의미에 따라 여격과 목적격을 선택해서 전치사 말뭉치를 구성하지만, 경우에 따라서는 동사의미와는 관계없이 전치사와 말뭉치 사이의 어순으로 인해 말뭉치의 격을 변화해야 하는 경우도 있다.

목적격/여격	bis, durch, für, gegen, ohne, um, **entlang**
entlang ⇒	**wohin?** *Den Fluß entlang* standen Bäume. 강을 따라서 나무들이 서있었다. **wo?** *Entlang dem Weg*(des Weges) läuft ein Zaun. 길을 따라서 울타리가 나있다. Die Kinder stellen sich *an den Fenster entlang* auf. 어린이들이 창문을 따라서 정렬했다.

동사의미와 전치사의 위치와는 상관없이 항상 고정된 격변화를 적용하는 전치사를 우리는 단순격변화 전치사로 분류한다.

목적 4격	**bis**, durch, für, gegen, ohne, um, entlang
bis ⇒	**bis wohin?** Der Bus fährt bis Hannover (und nicht weiter). 그 버스는 하노버까지 간다 (그리고 더는 안 간다). **bis wann?** Wir müssen den Wagen bis morgen reparieren. 우리는 그 차량을 내일까지 수리해야 한다. **〈bis〉 mit einer zweiten Präposition** *Bis zur* Nordsee brauchst du noch zwei bis drei Stunden. 북해까지 아직 2~3시간이 더 필요하다. *Bis vor* kurzer Zeit hatte er noch keinen Wagen. 그는 얼마 전까지도 그는 아직 차가 없었다. Der Schaden wird *bis zu* 500 Euro ausmachen. 손해는 500 유로정도 될 수도 있을 것이다.

목적 4격	bis, **durch**, für, gegen, ohne, um, entlang
durch ⇒	**wodurch?** Die beiden sind durch ganz Europa gefahren. 그 두 사람은 유럽전역을 여행했다. Wir nahmen den kürzesten Weg durch die Altstadt. 우리는 구도심을 통하는 가장 짧은 길을 택했다.

목적 4격	bis, durch, **für**, gegen, ohne, um, entlang
für ⇒	**für wen?** Dieses Geschenk ist für meine Schwester. 이 선물은 내 누이를 위한 것이다. **für wie lange? für wann?** Er ist für einen Tag nach Seoul gefahren. 그는 하루 나들이를 위해 서울로 갔다. Sie hat für eine Woche Urlaub genommen. 그는 일주일짜리 휴가를 냈다. Brauchen wir Wein für heute abend? 우리 오늘 저녁에 포도주가 필요할까?

목적 4격	bis, durch, für, **gegen**, ohne, um, entlang
gegen ⇒	**wogegen? gegen wen?** Das Auto ist gegen einen Baum gefahren. 그 자동차는 나무를 들이 받았다. Der Regen klatscht gegen die Fensterscheiben. 비가 창유리에 들이친다. Der Kampf gegen Krankheit und Armut 질병과 가난과의 투쟁 **wann?** Wir kommen gegen 3 Uhr. 우리는 세 시경에 온다. Gegen Ende des Jahres wird die neue Brücke fertig sein. 그 새 다리는 연말쯤에 완성될 것이다.

목적 4격	bis, durch, für, gegen, **ohne**, um, entlang
ohne ⇒	Ist sie ohne ihren Freund gekommen? 그녀가 그녀의 친구 없이 왔습니까? Es ist nicht leicht, ohne Auto einzukaufen. 자동차 없이 쇼핑하는 것은 쉽지 않습니다.

목적 4격	bis, durch, für, gegen, ohne, **um**, entlang
um ⇒	**wo? worum?** Um sein Grundstück hat er eine Hecke angepflanzt. 그는 자기 땅 주위에 울타리용 나무를 심었다. **wann?** Wir sind um 7 Uhr vor dem Kino verabredet. 우리는 7시에 영화관 앞에서 (만나기로) 약속했다. **Wie spät ist es?** Es ist um 7 Uhr. 7시 입니다.

여격 3격	**aus**, außer, bei, gegenüber, gemäß, mit, nach, seit, von, zu
aus ⇒	**woher?** Kommen Sie aus Hannover? 하노버 출신이십니까? Ich hole das Brot aus der Küche. 나는 빵을 부엌에서 가져온다. Kannst du mir bitte das Bier aus dem Kühlschrank bringen? 냉장고에서 내게 맥주 가져다 줄 수 있니?

여격 3격	aus, **außer**, bei, gegenüber, gemäß, mit, nach, seit, von, zu
außer ⇒	Außer dir habe ich keinen Freund. 나는 너 이외에 다른 친구가 없어. Du kannst auch außer der (Geschäfts-)Zeit kommen. 너는 (영업-)시간외에도 올 수 있어. Haben Sie außer uns noch andere Bekannte in der Stadt? 이 도시에 우리 말고 아시는 분이 더 있습니까?

여격 3격	aus, außer, **bei**, gegenüber, gemäß, mit, nach, seit, von, zu
bei ⇒	**wo? bei wem?** Er arbeitet bei LG Lebensmittel. 그는 엘지 식료품에서 일한다. Es ist schon spät. Du kannst bei uns übernachten. 이미 늦었다. 너는 우리 집에서 잠자고 갈 수도 있다. Sie wohnt noch bei ihren Eltern. 그녀는 아직도 부모와 산다. Die Bücher können Sie bei mir bestellen. 책은 저한테 주문하실 수 있습니다.

여격 3격	aus, außer, bei, **gegenüber**, gemäß, mit, nach, seit, von, zu
gegenüber ⇒	**wo(gegenüber)?** Die Apotheke liegt gegenüber der Post. 약국은 우체국 건너에 있습니다. Er saß mir gegenüber. 그는 나의 반대편에 앉았었습니다. **wem gegenüber?** Er ist ihr gegenüber besonders höflich. 그는 그녀에게는 특히 공손합니다. Jeder Bürger hat Verpflichtungen gegenüber dem Staat und der Gesellschaft. 모든 국민은 국가와 사회에 대한 의무를 갖는다. Er ist gegenüber allen politischen Reformen sehr zurückhaltend. 그는 모든 정치적인 개혁에 대해서는 상당히 소극적이다.

여격 3격	aus, außer, bei, gegenüber, **gemäß**, mit, nach, seit, von, zu
gemäß ⇒	Das ist ihrem Geschmack gemäß. 그것은 그녀의 취미에 맞는다. Er handelte den Vorschriften gemäß. 그는 규정에 따라 처리한다.

여격 3격	aus, außer, bei, gegenüber, gemäß, **mit**, nach, seit, von, zu
mit ⇒	**womit? mit wem?** Er ist mit dem Wagen in den Urlaub gefahren. 그는 자동차로 휴가를 떠났다. Sie spielt mit den Kindern der Nachbarn. 그녀는 이웃집 아이들과 놀이를 한다. Womit hast du den Flecken entfernt? 무엇으로 그 얼룩을 없앴니?

여격 3격	aus, außer, bei, gegenüber, gemäß, mit, **nach**, seit, von, zu
nach ⇒	**wohin?** Er fährt morgen nach Hamburg. 그는 내일 함부르크로 간다. Sie wollen im Sommer nach Korea. 그들은 올 여름에 대한민국으로 가려고 한다. (aber: in die Schweiz, in die Türkei) Ich gehe jetzt nach Hause. 나는 이제 집으로 간다. **wann?** Nach dem Einkaufen gehen wir immer essen. 우리는 항상 쇼핑 후에 식사하러 간다. **wie spät ist es?** Es ist 15 nach 7. 지금은 7시 15분입니다.

여격 3격	aus, außer, bei, gegenüber, gemäß, mit, nach, **seit**, von, zu
seit ⇒	**seit wann**? A: Seit wann studiert er in Deutschland? 그가 언제부터 독일에서 공부합니까? B: Seit zwei Jahren glaube ich. 2년 정도 되었을 거예요. Es regnet seit einer Woche. 비가 일주일 전부터 오네요. Er ist seit Jahren in diesem Betrieb beschäftigt. 그는 오래전부터 이 회사에서 일했습니다.

여격 3격	aus, außer, bei, gegenüber, gemäß, mit, nach, seit, **von**, zu
von ⇒	**von wo (bis … wo)? von wem?** Vom Rathaus haben wir einen schönen Blick über die Stadt. 우리는 시청에서 도시 위 아름다운 전경을 볼 수 있습니다. Die Stadtbahnstrecke reicht *von* Empelde *bis* Alte Heide. 도시전철구간은 엠펠데에서 알테하이데까지입니다. Das ist von mir. 이것은 제 것/제가 한 것입니다. **wann? ab wann?** Die Geschäfte sind *von* 8 *bis* 18 Uhr geöffnet. 상점들은 8시부터 18시까지 영업합니다. Vom 10. April (= Ab 10. 4.) bin ich in Urlaub. 저는 4월 10일부터 휴가입니다. Diese Regelung gilt vom 1. Mai 2020 an. 이 규정은 2020년 5월 1일부터 적용됩니다. (= Sie gilt ab 1. Mai 2020.)

여격 3격	aus, außer, bei, gegenüber, gemäß, mit, nach, seit, von, **zu**
zu ⇒	**wohin?** Wie komme ich bitte zum Bahnhof? 역에 어떻게 가나요? Ich fahre am Wochenende zu meinen Eltern. 주말에 저는 부모님께 갑니다. **wann?** Ich bin zum Abendessen wieder zurück. 저녁 식사 때 다시 돌아옵니다. *Bis zum* Ende der Woche muss ich die Arbeit fertig haben. 이번 주말까지는 이 작업을 마쳐야 합니다. Zu Ostern haben wir unsere Freunde eingeladen. 부활절에 우리 친구들을 초대했습니다.

소유 2격	**außerhalb**, innerhalb, infolge, statt, trotz, während, wegen
außerhalb ⇒	Wir wohnen außerhalb der Stadt. 우리는 교외에 삽니다. Sie können auch außerhalb der Geschäftszeit kommen. 귀하는 (영업-)시간외에도 오실 수 있습니다.

소유 2격	außerhalb, **innerhalb**, infolge, statt, trotz, während, wegen
innerhalb ⇒	Die Verkehrsbestimmung gilt innerhalb des Stadtgebietes. 이 교통규정은 시내지역에서 적용됩니다. Die Rechnung ist *innerhalb von* drei Wochen zu bezahlen. 이 청구서는 3주안에 납부해야 합니다.

소유 2격	außerhalb, innerhalb, **infolge**, statt, trotz, während, wegen
infolge ⇒	Es waren Unfälle infolge dichten Nebels. 이 사고들은 짙은 안개 때문에 발생했다. ⟿ infolgedessen(Adv.) Er ist noch nicht lange hier, ⟿ hat er wenig Erfahrung. 여기 온지가 얼마 되지 않아서 그는 경험이 부족합니다.

소유 2격	außerhalb, innerhalb, infolge, **statt**, trotz, während, wegen
statt ⇒	Statt der Plastiktüte muss man eine Stofftasche nehmen. 플라스틱 봉투대신 직물가방을 가지고 다녀야 합니다. Er übernahm die Arbeit (an-)statt seines Bruders. 그는 자신의 동생대신 그 일을 떠맡았다.

소유 2격	außerhalb, innerhalb, infolge, statt, **trotz**, während, wegen
trotz ⇒	Trotz des Regens geht er zu Fuß zur Arbeit. 비에도 불구하고 그는 걸어서 일하러 간다. (= Obwohl es regnet, geht er zu Fuß zur Arbeit.) Ich kaufe ein deutsches Auto trotz des hohen Preises. 가격이 비싼데도 불구하고 나는 독일차를 산다. (= Ich kaufe es, obwohl der Preis hoch ist.)

소유 2격	außerhalb, innerhalb, infolge, statt, trotz, **während**, wegen
während ⇒	Während des Studiums habe ich Geld verdient. 나는 학업 중에도 돈을 벌었다. Während der Ferien regnete es pausenlos. 방학 동안에 끊임없이 비가 내렸다. (= Die Ferien über regnete es pausenlos.)

소유 2격	außerhalb, innerhalb, infolge, statt, trotz, während, **wegen**
wegen ⇒	Wegen des Regens muß ich nach Hause gehen. 비 때문에 나는 집으로 가야 한다. Er ist wegen einer Geschwindigkeitsüberschreitung vorbestraft. 그는 과속으로 인한 전과가 있다. Sie hat der Kinder wegen aufgehört zu arbeiten. 그녀는 아이들 때문에 일을 그만 두었다. Er hat es wegen des Geldes getan. 그는 이것을 돈 때문에 행했다. Wegen dieser Angelegenheit müssen Sie sich an den Vorstand wenden. 귀하는 이일과 관련해서 회장단과 상의하셔야 합니다.

예를 들어 〈Sie hat wegen ihrer kleinen Kinder aufgehört zu arbeiten 그녀는 작은 아이들 때문에 일하기를 그만 두었다.〉, 〈Wegen des starken Regens muss ich nach Hause gehen 폭우 때문에 나는 집으로 가야한다.〉에서처럼 전치사가 관계된 '관사, 형용사, 명사'의 앞에 위치하여 표현단위에 나타나는 낱말의 격을 관장하는 것을 관찰할 수 있다. 그러나

〈Sie hat der Kinder wegen aufgehört zu arbeiten.〉

〈Ich muss des Regens wegen nach Hause gehen.〉

에서와 같이 〈wegen〉이 관사와 함께 쓰이는 경우에는 〈des Regens **wegen**〉, 〈der Kinder **wegen**〉과 같이 명사 뒤에도 올 수도 있음을 관찰할 수 있다. 즉, 전치사를 관사가 첨가된 말뭉치의 앞 또는 뒤에 정렬할 수 있다. 이는 〈wegen〉과 같은 일부 전치사의 사용이 다양화되고 있음을 의미한다.

wegen ⇒	wegen der Kinder, der Kinder wegen 아이들 때문에
nach ⇒	nach meiner Meinung, meiner Meinung nach 내 의견으로는
entlang ⇒	**명사 뒤에 놓일 때는 목적 4격** Den Fluß entlang standen Bäume. 강을 따라서 나무들이 서 있었다. Den Weg entlang läuft ein Zaun. 길을 따라 울타리가 나 있다. **여격 3격과 소유 2격으로도 사용** Entlang dem Weg(드물게 des Weges) läuft ein Zaun. 길을 따라 울타리가 나 있다.

〈**um - willen**〉과 같이 관계된 표현의 앞과 뒤에 〈**um** des Kindes **willen** 애들 때문에〉처럼 위치할 수도 있다.

um - willen ⇒	Er hat es *um* seines Bruders *willen* getan. 그는 그것을 자기의 형제를 위해서 했다.
von - an ⇒	*Von* hier *an* ist die Strecke eingleisig. 여기서부터의 구간은 단선이다. Das ist er *von* Jugend *an* gewöhnt. 그는 젊은 시절부터 그것에 익숙해 있다.
von - ab ⇒	*Von* heute *ab* soll es anders werden. 오늘부터는 달라져야 한다.
von - aus ⇒	*Von* Natur *aus* ist er gutmütig. 성격적인 면에서 그는 선량하다.
von - wegen ⇒	Ich tue es *von* Berufs *wegen*. 나는 그것을 직업적인 근거로 한다.

〈zufolge〉와 같은 몇몇의 전치사는 항상 관계된 표현의 뒤에만 위치할 수 있다.

zufolge ⇒	Einem Gerücht *zufolge* will er heiraten. 소문에 의하면 그는 결혼하려고 한다.
halber ⇒	Er ist dringender Geschäfte *halber* verreist. 그는 급한 업무를 위하여 (때문에) 여행을 떠났다.

연속 사용되는 전치사가 동일한 격을 관리하는 경우에는 한 명사나 대명사와 연계될 수 있다.

Sie suchte *in* und *unter* dem Schrank.
그녀는 장롱의 안쪽과 아래를 찾아 살폈다.

Vor, hinter und *neben* dem Minister drängten sich die Reporter.
장관의 앞과 뒤, 옆으로 보도진들이 몰려들었다.

Die Menschen *diesseits* und *jenseits* der Grenze wollen den Frieden.
경계선의 이쪽과 저쪽의 사람들은 평화를 원한다.

하지만 연속해서 사용되는 전치사의 지배 격이 다를 경우에는 마지막으로 사용하는 전치사의 지배 격에 따른다.

Kommt ihr mit(+여3격) oder *ohne(+목적4격) Kinder* (zu uns)?
너희들 아이들과 함께 오니 아니면 아이들 없이 오니?

Sie kommen teils ohne(+목적4격), teils *mit(+여3격) Kindern*.
일부는 아이들과 함께 일부는 아이들 없이 옵니다.

10.3 전치사목적어 Präpositionalobjekt

어떤 전치사들은 동사에 고정 · 부속된 술어의 일부분으로 이해되기도 한다. 영어의 '숙어동사'와 유사한 형태로 특정동사가 언제나 전치사를 동반하는 경우를 말한다. 이때 전치사 뒤에 나오는 목적어를 '전치사목적어'라고 한다.

Wir *hoffen auf* besseres Wetter. 우리는 좀 더 좋은 날씨를 기대한다.
(술어⇨) hoffen auf (전치사목적어⇨) *besseres Wetter*

Kümmerst du *dich um* deinen Hund? 너는 네 개를 보살피느냐?
(술어⇨) kümmern sich um (전치사목적어⇨) *deinen Hund*

Ich *warte auf* den Bus. 나는 버스를 기다린다.
(술어⇨) warten auf (전치사목적어⇨) *den Bus*

Ich *erinnere mich an* dich. 나는 너를 회상한다.
(술어⇨) erinneren sich an (전치사목적어⇨) *dich*

11. 접속사[Konjunktion]

접속사는 언어단위인 낱말 또는 낱말뭉치 및 문장의 형태와 의미를 연결기능을 하는 연결낱말[Bindewörter]이다. 의사소통상황에서 우리가 접속사를 사용할 때 접속사의 의미와 연결방법에 따라 구분한다. 문장을 연결할 때 연결되는 문장술어를 형성하는 동사가 문장의 어느 위치에 배열해야 하는가에 따라 '병렬-'과 '종속접속사'로 구분한다.

• **병렬접속사**[koordinierende/nebenordnende Konjunktion] : 병렬접속사는 낱말과 낱말 무리는 물론 〈주어 + 술어〉의 어순을 가진 두 개 이상의 문장을 어순의 변화 없이 〈주어 + 술어〉 + 〈병렬접속사〉 + 〈주어 + 술어〉의 형태로 대등하게 연결한다.

Ich liebe dich. 나는 너를 사랑한다.	und **병렬접속사**	Ich liebe ihn auch. 나는 그 남자도 사랑한다.
Ich liebe dich **und** (ich liebe) ihn auch. 나는 너*와* 그 남자를 사랑한다.		

Ich liebe dich. 나는 너를 사랑한다.

Er liebt dich nicht. 그는 너를 사랑하지 않는다.

⇒ Ich liebe dich, ***aber*** er liebt dich nicht. ~하지만/그러나

이런 병렬접속사에는 〈und 그리고〉, 〈oder 또는〉, 〈aber 그러나〉, 〈denn 왜냐하면〉, 〈sowohl ~ als auch …뿐만 아니라 …도〉, 〈entweder ~ oder …아니면 …〉, 〈weder ~ noch …도 아니고 …도 아닌〉 등이 속한다. 이들의 표시기능은 다음과 같다.

이유/원인[Grund/Ursache] 표시[47]

〈denn 왜냐하면〉
⇒ Wir haben es eilig, *denn* es kann gleich regnen.
금방이라도 비가 올 것 같아서 우리는 바쁘게 서두른다.

반대[Gegenteil] 표시

〈aber 그러나〉
⇒ Wir haben Englisch, *aber* (wir haben) Mathe nicht (keine Mathe).
우리는 영어하지 수학은 하지 않는다.

〈sondern 반대로〉 * 앞 부정문장을 받아 반대를 표시하고, 뒤 문장의 앞에 놓음
⇒ Wir haben nicht Mathe (keine Mathe), *sondern* (wir haben) Englisch.
우리는 수학이 아니라 영어를 한다.

연결/연계[Verbindung/Reihung] 표시

〈und 그리고〉
⇒ essen und trinken 먹고 마시다, Tag und Nacht 낮과 밤
Wir haben uns sehr darüber gefreut, *und* (wir) *danken* Dir herzlich.
우리는 그에 대해 즐거워 했고 너에게 감사를 드린다.

〈sowohl ~ als auch ~ ~뿐만 아니라 ~도〉
⇒ Als Kind hat er *sowohl* die Masern *als auch* die Windpocken gehabt.
그는 아이였을 때 홍역뿐만 아니라 수두도 앓았다.

〈entweder ~ oder ~ ~아니면 ~〉
⇒ *Entweder* kommt mein Vater *oder* mein älterer Bruder.
내 아버지 아니면 형이 온다.
Entweder (du) strengst du dich mehr an *oder* du wirst die Prüfung wieder nicht schaffen.
노력을 좀 더 하든지 아니면 그 시험에서 다시 실패한다.

〈weder ~ noch ~ ~도 아니고 ~도 아닌〉
⇒ Dafür habe ich *weder* Zeit *noch* Geld. 그것을 위해 시간도 돈도 없다.

---

47) 이유와 원인을 표시하는 접속사를 결과표시 접속부사[Konjunktionaladverb]인 〈daher〉, 〈deshalb〉, 〈darum〉, 〈deswegen〉 등을 통해서 대치할 수 있다. 이럴 경우에는 주어와 술어의 정동사 위치를 바꾼다.
Es kann gleich regnen, **deshalb/daher/darum haben wir** es so eilig.
금방 비가 올 것 같다, 그래서/그 때문에/그런 이유에서 우리는 바쁘게 서두른다.

여러 가능성/선택^mehrere Möglichkeiten/Alternativen^ 표시
〈entweder a oder b oder c a 아니면 b 또는 c〉 ⇒ *Entweder* bekommen wir *den oder die oder das*. 우리는 *den* 아니면 *die* 또는 *das*를 받는다.

• **종속접속사**subordinierende/unterordnende Konjunktion : 종속접속사로 이끌어지는 문장은 '**종속접속사** + 주어 + (…) + **술어 정동사**'형태를 갖는다. 종속접속사가 이끄는 종속절은 문장구성을 위한 일부분으로 그 기능에 따라 문장구성성분Satzglied이 된다.

Ich weiß es. 나는 그것을 알고 있다.	dass 종속접속사	Er liebt dich nicht. 그는 너를 사랑하지 않는다.
⇒ Ich weiß, **dass** er dich nicht **liebt**. 나는 그가 너를 사랑하지 않는다는 것을 알고 있다. (주어) (목적어) (술어)		

이 과정에서 종속접속사가 문장의 정동사가 문장 끝에 나오는 구조를 유도하는 기능을 하도록 조정을 한다. 또한 종속접속사로 이끌어지는 표현단위 〈dass er dich nicht liebt〉를 주문장인 〈Ich weiß (es)〉의 앞에 붙여 의미를 전달할 수도 있는데, 이 경우에도 정동사의 위치가 항상 문장의 두 번째에 오도록 조정을 한다.

Ich(1) **weiß(2)**, dass er dich nicht liebt(3).

⇒ Dass er dich nicht liebt(1), **weiß(2)** ich(3)

물론 독일어 입말에서 서술문의 술어동사는 항상 문장의 두 번째에 위치한다는 일반적인 원칙이 적용되지 않는 경우들이 있다. 우리는 예를 들어 〈weil〉로 이끌어지는 부분장의 정동사가 문장 끝이 아니라, 문장의 두 번째 위치에 유지되는 경향도 관찰할 수 있다. 그럼에도 불구하고 우리는 종속접속사는 문장술어 정동사가 문장 끝에 나오는 구조를 유도하는 기능을 하는 것으로 이해한다. 이런 종속접속사들은 〈wenn ~이라면〉, 〈weil 왜냐하면〉, 〈da ~때문에〉, 〈bevor ~하기 전에〉, 〈als ~했을 때(과거)〉, 〈daβ ~사실을〉, 〈ob ~인지〉, 〈indem ~하면서〉 등이 있다. 이들의 의미적인 표시기능은 다음과 같다.

시간[Zeit/temporal] 표시

〈bevor 그 전에〉
⇒ Bevor wir *abreisen*, *müssen* wir viel erledigen.
우리가 (여행을) 떠나기 전에, 많은 것을 마쳐야 한다.

〈nachdem 그 다음에〉
⇒ Nachdem ich etwas gegessen *hatte*, *habe* ich die Zeitung gelesen.
나는 무언가를 먹고 나서 신문을 읽었다.

〈als (과거에)~했을 때〉
⇒ Als wir das Haus *erreichten*, *fing* es *an* zu regnen.
우리가 집에 도착했을 때 비가 오기 시작했다.

이유/원인[Grund/kausal] 표시

〈da 왜냐하면〉
⇒ Da er krank *war*, *konnte* er nicht kommen.
그가 아팠기 때문에 올 수 없었다.

〈weil 왜냐하면〉
⇒ Weil er krank *war*, *konnte* er nicht kommen.
그가 아팠기 때문에 올 수 없었다.

의도/목적[Absicht/Zweck/final] 표시

〈damit ~하기 위하여, ~목적으로〉
⇒ Schreib es dir auf, damit du es nicht *vergißt*!
잊지 않도록 적어두어라!

조건[Bedingung/konditional] 표시

〈sofern ~할 경우에〉
⇒ Ich verreise, sofern ich noch ein Hotel *bekomme*.
내가 아직도 호텔(방)을 구할 경우에 여행을 하겠다.

〈wenn ~이라면〉
⇒ Wenn es dir recht *ist*, *gehen* wir spazieren.
만약 네게 괜찮다면 산책하러 가자.

〈je nachdem ~(상황)에 따라〉
⇒ A : Möchtest du mit kommen? 같이 가고 싶니?
B : Je nachdem! 그때(상황)봐서!

〈ob ~인지 (아닌지/어떤지)〉
⇒ Ob er Zeit *hat*, *werde* ich ihn fragen.
그가 시간이 있는지 내가 그에게 물어볼게.

〈falls ~할 경우에〉
⇒ Falls er kommen *soll*, sag mir Bescheid.
그가 와야 되면, 나에게 말해줘.

결과[Folge/konsekutiv] 표시

〈sodass 그래서, 그 결과로〉
⇒ Ich habe sehr viel zu tun, sodass ich kaum für anderes Zeit *habe*.
나가 해야 될 일이 아주 많아서 다른 일을 위한 시간이 없다.

〈so…dass 그래서, 그 결과로〉
⇒ Er war so krank, dass er die Reise nach Seoul verschieben *musste*.
그가 아팠기 때문에 서울여행을 미뤄야만 했었다.

반대[Gegenteil/adversativ] 표시
〈obgleich ~임에도 불구하고〉 ⇒ Er kam sofort, obgleich er nicht viel Zeit *hatte*. 그는 시간이 많지 않았음에도 불구하고 곧바로 왔다.
〈obwohl ~임에도 불구하고〉 ⇒ Ich kann nicht kommen, obwohl ich gern *möchte*. 내가 꼭 오고 싶었음에도 불구하고 나는 올 수가 없다.
〈anstatt dass (~하는) 대신〉 ⇒ Er hat die Zeitung gelesen, anstatt dass er *arbeitet*. 그는 일하는 대신 신문을 읽었다. ⇒ Er fuhr noch in Urlaub, anstatt dass er sofort zum Arzt *ging*. 그는 즉시 의사한테는 가지 않고 휴가를 떠났다.

우리가 자주 접하는 접속사를 연결방법과 연결의미에 따라 분류하면 다음과 같다.

연결방법 ⇒	병렬	종속
연결의미 ⇓		
연계	〈und〉, 〈sowohl - als auch〉	
조건		〈wenn〉, 〈falls〉, 〈ob〉, 〈sofern〉, 〈je nachdem〉
비교		〈wie〉, 〈als (ob)〉, 〈als/wie wenn〉
선택	oder, entweder - oder	

연결방법 ⇒	병렬	종속
연결의미 ⇓		
시간/빈도		als, wenn, seit, bevor, bis, während, ehe, nachdem, seitdem, sooft, solange

연결방법⇒	병렬	종속
연결의미 ⇓		
반대	aber	während
이유	denn	weil, da
결과		sodass, so…dass
목적		damit, dass

연결방법⇒	병렬	종속
연결의미 ⇓		
용인		obwohl, ob(wenn)gleich,
방법		indem
제한		(in)sofern, soweit
수단		dadurch, indem
부정	nicht … sondern	ohne dass, ohne…zu,

참고문헌

여종문, 2012: 독일어 소리. 서울: 신아사.

여종문, 2013: 독일어 낱말과 발음연습. 서울: 신아사.

여종문, 2015: 독일어 문장. 서울: 신아사.

Bußmann, Hadumod, 2008⁴: Lexikon der Sprachwissenschaft. Stuttgart: Alfred Kröner Verlag.

Clamer, Friedrich/Heilmann, Erhard G., 2006³: Übungsgrammatik für die Grundstufe. Niveau A2-B2. Meckenheim: Verlag Liebaug-Dartmann.

Duden, 2010: Schülerduden. Rechtsschreibung und Wortkunde. Mannheim: Dudenverlag.

Duden 1, 2017²⁷: Die deutsche Rechtschreibung. Mannheim: Dudenverlag.

Duden 4, 2016⁹: Die Grammatik. Mannheim: Dudenverlag.

Gehring, Wolfgang, 2018: Fremdsprache Deutsch unterrichten. Bad Heilbrunn: Verlag Julius Klinkhardt.

Götze, Lutz, 2002: Deutsche Grammatik. Gütersloh/München: Bertelsmann.

Helbig, Gerhard/Buscha, Joachim, 2013: Deutsche Grammatik. Ein Handbuch für den Ausländerunterricht. München: Klett-Langenscheidt.

Heringer, Hans-Jürgen, 2006²: Kleine deutsche Grammatik. Berlin: Cornelsen.

Luscher, Renate, 1989²: Deutsch 2000. Grammatik der modernen deutschen Umgangssprache zu Band 1-3. München.

Maas, Utz, 1999: Phonologie. Einführung in die funktionale Phonetik des

Deutschen. Opladen/Wiesbaden. Westdeutscher Verlag.

Maas, Utz, 2014[2]: Was ist Deutsch?. München: Wilhelm Fink.

Meil, Kläre/Arndt, Margit, 1973[7]: ABC der starken Verben. München: Hueber.

Yeo Jong-Moon, 2005: Deutsche Phonologie und Morphologie als Problem für Koreaner. Hamburg: Verlag Dr. Kovac.

Zifonun, Gisela/Hoffmann, Ludger/Strecker, Bruno, 1997: Grammatik der deutschen Sprache. Berlin: Walter de Gruyter.

찾아보기

불규칙 동사변화와 활용의미

원형 Infinitiv (현재 · 2인칭 · 단수 2.P.Präs.Sg.)	과거형 Präteritum	과거완료 Präteritum	의미 Bedutung
befehlen (du befielst)	**befahl**	**hat befohlen**	명령하다
• Der General befahl dem Fahrer zu warten. ⇒ Er sagt dem Fahrer, er soll warten. • Von Ihnen lasse ich mir nichts befehlen. = Ich lasse mir nicht sagen, was ich tun soll.			
beginnen	**begann**	**hat begonnen**	시작하다
• Das Kind beginnt zu sprechen. = Es fängt an zu sprechen. • Ich beginne meine Arbeit. = Ich fange mit der Arbeit an, • Was soll ich nach dem Examen beginnen? ⇒ Was soll ich danach tun?			
beißen	**biss**	**hat gebissen**	물다, 깨물다
• Der Hund hat mich gebissen. • Die Frau biss in den Apfel. = Sie begann ihn zu essen. • Der Rauch beißt in den Augen. ⇒ Er macht Schmerzen.			
bergen (du birgst)	**bag**	**hat geborgen**	구(조)하다 포함하다
• Die Fischer haben die Seeleute geborgen. ⇒ Sie retteten sie. • Dieses Haus birgt ein Geheimnis. = Es enthält ein Geheimnis. • Die Besteigung des Berges birgt Gefahren in sich. = Sie ist mit Gefahren verbunden.			

bewegen	bewog	hat bewogen	움직이다

- Der Lehrer bewog den Schüler, die Wahrheit zu sagen.
  = Er brachte ihn dazu.
- Ich kann meinen Arm nicht bewegen.
  ⇒ Die Muskeln arbeiten nicht.
- Der Motor bewegt das Auto. = Er treibt es an.
- Der Preis bewegt sich zwischen 10 und 15 Euro.
  ⇒ Er schwankte.

biegen	bog	hat/ist gebogen	구부리다

- Die Arbeiter haben die Eisenstange gebogen.
  ⇒ Sie haben sie geformt.
- Der Radfahrer ist um die Ecke gebogen. = Er fuhr um die Ecke.
- Der Apfelbaum biegt sich unter der Last der Früchte.
  ⇒ Er beugt sich.

bieten	bot	hat geboten	제공(의) 하다

- Garmisch bietet den Touristen viele Wintersportmöglichkeiten.
  ⇒ Es gibt dort viele Wintersportmöglichkeiten.
- Die Reise bietet keine/viele Schwierigkeiten.
  ⇒ Sie ist nicht/sehr schwierig.
- Er lässt sich nichts bieten. = Er lässt sich nichts gefallen.

binden	band	hat gebunden	매다, 묶다

- Die Gärtnerin bindet Kränze. = Sie macht Kränze.
- Der Herr band seine Krawatte. ⇒ Er knotet sie.
- Die Verkäuferin bindet die Schnur um das Paket.
  ⇒ Sie windet sie um das Paket.

bitten	bat	hat gebeten	부탁하다

- Ich bitte Dich sehr.
  ⇒ Ich habe einen Wunsch.
- Ich bitte meine Schwester um die Hilfe.
  = Ich bitte meine Schwester, mir zu helfen.
- Er hat sie um Verzeihung gebeten.
  = Er hat sich bei ihr entschuldigt.

<table>
<tr><td>bleiben</td><td>blieb</td><td>ist geblieben</td><td>머무르다</td></tr>
<tr><td colspan="4">• A : Wo bleibt Großmutter denn?
= Wo ist sie?/ Warum kommt sie nicht?
B : Sie ist zu Hause geblieben.
• Wir bleiben mittags in der Schule.
⟹ Wir verbringen die Mittagszeit in der Schule.
• Sie bleibt in München.
⟹ Sie verlässt München nicht.
• Bleiben Sie bitte sitzen.
= Stehen Sie bitte nicht auf.
• Thomas ist gestern bei mir geblieben.
= Er hat die Nacht in meiner Wohnung verbracht.</td></tr>
</table>

<table>
<tr><td>braten
(du brätst)</td><td>briet</td><td>hat gebraten</td><td>굽다</td></tr>
<tr><td colspan="4">• Die Mutter brät eine Ente.
= Sie brät sie im Herd.</td></tr>
</table>

<table>
<tr><td>brechen
(du brichst)</td><td>brach</td><td>ist/hat gebrochen</td><td>깨지다, 깨다</td></tr>
<tr><td colspan="4">• Der Mast des Schiffes ist im Sturm gebrochen.
⟹ Er knickte in zwei Teile.
• Er hat sein Wort gebrochen.
= Er hielt sein Versprechen nicht.
• Der Mann hat die Ehe gebrochen.
⟹ Er hat seine Frau betrogen.</td></tr>
</table>

<table>
<tr><td>brennen</td><td>brannte</td><td>hat gebrannt</td><td>타다</td></tr>
<tr><td colspan="4">• Das Haus brennt.
⟹ Es steht in Flammen.
• Der Ofen brennt gut.
⟹ Er heizt das Zimmer gut.
• Die Fabrik brennt Ziegelsteine.
⟹ Sie stellt sie her.</td></tr>
</table>

bringen	brachte	hat gebracht	가져오다

- A : Können Sie mir bitte eine Tasse Kaffee bringen?
  B : Ja, wenn der Kaffee fertig ist.
- Der Gärtner bringt die bestellten Blumen. = Er liefert sie ab.
- Mein Geld bringt gute Zinsen.
  ⇒ Es verzinst sich gut.
- Das Theater bringt ein neues Stück.
  = Es spielt ein neues Stück.
- Seine Bemerkung hat mich auf eine gute Idee gebracht.
  ⇒ Ich bin durch ihn darauf gekommen.
- Die Frau hat mich ins Gerede gebracht.
  ⇒ Sie ist schuld, dass alle schlecht über mich sprechen.
- Die Flüchtlinge brachten sich in Sicherheit.
  = Sie flohen an einen sicheren Ort.
- Der Schüler hat kein Wort über die Lippen gebracht.
  ⇒ Er konnte vor Aufregung nichts sagen.
- Der reiche Mann brachte sein Geld unter die Leute.
  ⇒ Er gab viel aus.
- Er hat mich zum Lachen gebracht.

denken	dachte	hat gedacht	생각하다

- Ich denke oft an meine Kindheit.
- Unser Besucher denkt an die Abreise. = Er will abreisen.
- Der Vater denkt nur an seine Familie. ⇒ Er sorgt für sie.
- A : Wie denken Sie über meinen Vorschlag?
  B : Ich finde das sehr gut.

dringen	drang	ist/hat gedrungen	밀고 나아가다 강요하다

- Der Gasgeruch dringt aus der Küche.
  = Er kommt aus der Küche in die anderen Räume.
- Wasser ist in den Keller gedrungen.
- Ein Splitter drang ihm ins Auge.
- Die Worte des Redners sind bis in die letzten Stuhlreihe gedrungen.
  ⇒ Man verstand sie auch dort.
- Der Hauswirt hat auf die pünkliche Zahlung der Miete gedrungen.
  ⇒ Er hat sie verlangt.

dürfen (du darfst)	**durfte**	**hat gedurft**	허락하다

- A : Darf ich Sie um eine Tasse Kaffee bitten?
  = Geben Sie mir bitte eine Tasse Kaffee
  B : Ja, sehr gerne.
- Ich habe den Wald betreten dürfen, die anderen haben es nicht gedurft.
  ⇒ Ich hatte die Erlaubnis.
- A : Darf ich hier rauchen?
  B : Ja, bitte.

essen (du isst)	**aß**	**hat gegessen**	먹다

- A : Was habt ihr heute gegessen?
  B : Wir haben heute Pizza gegessen.
- Hier isst man gut. ⇒ Die Küche ist vorzüglich.
- Wer nicht arbeitet, der soll auch nicht essen.

fahren (du fährst)	**fuhr**	**hat/ist gefahren**	태워/타고가다

- Sie hat ihre Kinder ins Krankenhaus gefahren. = Sie hat sie dahingebracht.
- Sie sind mit dem Auto nach Seoul gefahren.
  = Sie sind damit dorthin gefahren.
- Der Bauer hat Mist gefahren. = Er hat ihn auf den Acker gebracht.
- Mein Chef fährt einen Mercedes. = Er besitzt ihn.
- Das Kind ist Ski gefahren.
- Mit dieser Firma bin ich gut gefahren. ⇒ Ich bin mit ihr zufriden.
- Der Blitz fährt aus den Wolken. = Er schießt aus den Wolken.

fallen (du fällst)	**fiel**	**ist gefallen**	(딱) 떨어지다

- Die Temparatur fällt ständig.
  ⇒ Es wird kälter.
- Mein Bruder ist gefallen. = Er ist (im Krieg) als Soldat gestorben.
- Ein Apfel ist auf den Boden/auf die Erde gefallen.
- Mein Geburtstag fällt auf einen Sonntag. = Er ist an einem Sonntag.
- Das Lernen fällt ihm schwer.
  ⇒ Er lernt langsam.

fangen (du fängst)	fing	hat gefangen	(붙)잡다

- Ich werfe dem Kind den Ball zu, und es fängt ihn.
- Die Polizei hat den Dieb sehr schnell gefangen.
  ⇒ Sie verhaftet ihn.
- Das Haus fing Feuer. = Es begann zu brennen.

finden	fand	hat gefunden	생각/발견하다

- Die Kinder fanden ihren Vater im Garten.
- Keiner hat die Lösung des Rätsels gefunden.
  = Niemand wusste sie.
- Ich finde keine Worte. ⇒ Ich weiss nicht, was ich sagen soll.
- Der Film fand den Beifall des Publikums.
  ⇒ Er gefiel dem Publikum gut.
- Ich finde, dass meine Mutter sehr schön ist.
- Ich fand, dass er schlecht aussieht.
  ⇒ Nach meiner Meinung sieht er schlecht aus.
- Der Herr hat seinen Geldbeutel noch nicht gefunden.
  ⇒ Er sucht ihn immer noch.
- Viele Soldaten haben im Krieg den Tod gefunden. = Sie sind gefallen.

fliegen	flog	hat/ist geflogen	비행하다

- Ich bin gestern nach Deutschland geflogen.
- Ein deutscher Pilot hat die Maschine geflogen. ⇒ Er hat sie gesteuert.
- Er hat diese Maschine noch nie geflogen.

fliehen	floh	ist geflohen	달아나다

- Der Verbrecher ist vor der Polizei geflohen.
  ⇒ Er ist weggelaufen, weil sie ihn verfolgten.
- Ich fliehe aus der Gesellschaft. ⇒ Ich möchte nicht in Gesellschaft sein.
- Die Zeit flieht. = Sie vergeht sehr schnell.

fließen	floss	ist geflossen	흐르다

- Die Elbe fließt in die Nordsee. = Sie mündet in die Nordsee.
- Der Rhein fließt durch Deutschland.
- Bei der Revolution ist viel Blut geflossen.
  ⇒ Es gab viele Tote und Verletzte.

fressen (du frisst)	fraß	hat gefressen	(동물)먹다

- Mein Hund frisst gern Fleisch. = Er isst es gern.
- Kühe fressen Gras.
- Sie sah mich an, als wollte sie mich fressen.
- Er hat einen Narren an dem Jungen gefressen. ⇒ Er mag ihn sehr.

frieren	fror	ist/hat gefroren	얼다

- Ich friere. = Mir ist kalt. = Mich friert.
- Das Wasser ist gefroren. ⇒ Es ist zu Eis geworden.
- Es hat gefroren. ⇒ Es ist sehr kalt.

gebären (du gebierst)	gebar	ist/hat geboren	분만하다

- Er ist am 2. November geboren (worden). = Er kam am 2. 11. zur Welt.
- Die Frau gebärt ihr erstes Kind. = Sie brachte es zur Welt.

geben (du gibst)	gab	hat gegeben	주다, 있다

- Der Vater gibt dem Kind einen Ball.
- Meine Bank gibt mir einen Kredit. ⇒ Ich bekomme Kredit.
- Mein Freund gibt ein Fest. ⇒ Er veranstaltet es.
- Kühe geben Milch.
- Die Leherin gibt Unterricht. = Sie unterrichtet.
- In diesem Fluss gibt es viele Fische.
- A : Was gibt es zu Mittag? B : Es gibt Rinderbraten mit Kartoffeln.

gehen	ging	ist gegangen	걷다, 가다

- Ich gehe einkaufen.
- Ich bin mit meinem Freund ins Kino gegangen.
- Der Schüler ging in die Schule.
  ⇒ Er ging zu Fuß.
  ⇒ Er besuchte die Schule.
- Die Frau ist ins Wasser gegangen.
  ⇒ Sie hat gebadet.
  ⇒ Sie hat Selbstmord begangen.

- Dein Wunsch geht in Erfüllung.
  ⇒ Du bekommst, was du gewünscht hast.
- Ich gehe lieber zu Fuß.
- Er geht gut gekleidet. ⇒ Er zieht sich gut an.
- Die Tante geht in Trauer. ⇒ Sie trägt Schwarz.
- Der Zug geht um 12 Uhr.
- Der Großvater ist am Sonntag von uns gegangen.
  ⇒ Er ist gestorben.
- Meine Uhr geht nicht richtig. ⇒ Sie zeigt nicht die richtige Zeit.
- A : Funktioniert die Maschine? B : Ja, sie geht.
- A : Wie geht es dir? B : Es geht mir gut, danke.
- Es geht um meine Ehre. = Es handelt sich um meine Ehre.

gelten (du giltst)	**galt**	**hat gegolten**	유효하다

- Beim Fußballspiel gelten bestimmte Regeln.
  ⇒ Es gibt sie.
- Der Pass gilt nicht mehr. ⇒ Er ist abgelaufen.
- Es gilt. = Abgemacht.
- Es gilt aufzupassen. = Es ist wichtig aufzupassen.
- Die Rinder Dänemarks gelten als die besten Milchkühe.
  ⇒ Man hält sie für die besten.

genießen	**genoss**	**hat genossen**	만끽하다

- Der alte Mann genießt den guten Wein.
  ⇒ Er trinkt ihn mit Freude.
- Die Wurst ist nicht zu genießen.
  ⇒ Man kann sie nicht essen.

geschehen (es geschieht)	**geschah**	**ist geschehen**	일어나다

- Heute muss etwas geschehen.
  = Heute muss etwas getan werden.
- Es ist ein Wunder geschehen.
  = Es hat sich ein Wunder ereignet.
- Dir wird nichts geschehen.
  ⇒ Niemand wird dir etwas Böses antun.

gewinnen	**gewann**	**hat gewonnen**	이기다

- Er hat mit 3:0 gegen seinen Freund gewonnen.
  ⇒ Er gewann/ersiegte das Spiel.
- Ich habe im Lotto gewonnen.
- Im Bergbau wird Kohle gewonnen.
  ⇒ Man holt sie aus der Erde.
- Diese Stadt gewinnt immer mehr an Bedeutung.
  ⇒ Sie wird wichtiger.

gießen	**goss**	**hat gegossen**	물주다

- Das Mädchen gießt die Blumen.
  = Sie gibt ihnen Wasser.
- Die Mutter gießt Kaffee in eine Tasse.
  ⇒ Sie füllt die Tasse.

gleichen	**glich**	**hat geglichen**	닮다

- Sie gleicht ihrer Mutter.
  = Sie ist ihrer Mutter ähnlich.
- Die Brüder gleichen sich sehr.
  ⇒ Sie sind ähnlich.

graben (du gräbst)	**grub**	**hat gegraben**	파묻다

- Die Arbeiter graben einen Brunnen.
- Der Goldgräber gräbt nach Gold.
  = Er sucht Gold.
- Ihre Fingernägel gruben sich in seinen Arm.

greifen	**griff**	**hat gegriffen**	(붙)잡다

- Die Polizei ergreift den Brandstifter.
  ⇒ Sie verhaftet ihn.
- Der alte Mann greift nach seinem Hut.
  ⇒ Er will ihn in die Hand nehmen.
- Das Feuer griff schnell um sich.
  = Es breitete sich schnell aus.

haben	hatte	hat gehabt	가지다

- Meine Schwester hat ein Auto.
- A : Was hast du denn? ⟹ Was fehlt dir? ⟹ Was ist denn mit dir los?
  B : Ich habe Heimweh nach meiner Mutter.
- Ich habe etwas gegen unhöfliche Menschen. ⟹ Ich mag sie nicht.
- A : Hast du Geld bei dir? = Hast du Geld mit?
  B : Ja. Wieviel möchtest du haben?
- Wir haben auf unserer Reise gutes Wetter.
- Ich habe die Tasche in der Hand.
- Diese Wolle ist hier nichts zu haben.
- Das haben wir noch nicht gehabt.

halten (du hälst)	**hielt**	**hat gehalten**	가지다

- Die Mutter hält das Kind an der Hand.
- Ich halte eine Zeitung.
  = Ich habe sie in der Hand.
  = Ich habe sie abonniert.
- Der Freund hat sein Wort gehalten.
  = Er hat sein Versprechen erfüllt.
- Das Wetter hat sich gehalten.
  ⟹ Es hat nicht geregnet.
- Er hielt sich an die Bestimmungen.
  ⟹ Er richtete sich danach.
- Der Lehrer hält auf Ordnung in seiner Klasse.
  ⟹ Ordnung ist ihm sehr wichtig.
- Das Mädchen hält auf sich
  = Es ist ordentlich in ihrer Kleidung und ihrem Benehmen.
- Ich halte diesen Mann für meinen Gegner.
  ⟹ Ich glaube, er ist mein Feind.
- Er hält es mit der Regierung. ⟹ Er steht auf ihrer Seite.
- A : Was halten Sie von der Sache?
  B : Ich glaube, sie werden Erfolg haben.

hängen(intrans.)	**hing**	**ist gehangen**	걸려있다

- Das Bild hing an dem Nagel. ⟹ Es war dort.
- Nach der Explosion hingen dicke Rauchwolken über der Fabrik.

hängen(trans.)	hängt	hat gehängt	걸다
• Er hängt seinen Mantel an den Nagel. ⇒ Er macht ihn dort fest. • Ich hänge sehr an meiner Mutter. ⇒ Ich liebe sie sehr. • Er hat seinen Beruf an den Nagel gehängt. ⇒ Er hat ihn aufgegeben.			

heben	hob	hat gehoben	올리다
• Dieser Mann hob das Glas. ⇒ Er trank jemandem zu. • Der Zeuge hat die Hand zum Schwur gehoben. ⇒ Er sagte den Eid. • Man hebt die gesunkenen Schiffe. = Man holt sie vom Meeresgrund. • Der Kaufmann kann den Umsatz heben. ⇒ Er verkauft mehr. • Der Redner hob die Stimme. = Er sprach lauter. • Nach Mitternacht hob sich die Stimmung. ⇒ Die Leute wurden lustiger.			

heißen	hieß	hat geheißen	~라 불리다
• A : Wie heißen Sie? B : Ich heiße Müller. • A : Was soll das heißen? B : Mhm, "Wir heißen Sie willkommen" bedeutet "Wir begrüßen Sie."			

helfen (du hilfst)	half	hat geholfen	~도움을 주다
• Junger Mann hat junger Frau beim Aussteigen geholfen. ⇒ Er hat ihr dabei geholfen. • A : Kannst du mir helfen? B : Es tut mit leid. Ich kann dir momentan nicht helfen. • Das Mittel hilft gut gegen Schnupfen. ⇒ Es beseitigt ihn. • Der Vater half dem Sohn auf die Beine. ⇒ Er gab ihm einen guten Start. • Hilf dir selbst, so hilft dir Gott.			

kennen	**kannte**	**hat gekannt**	알다

- Herr Kim kennt den Namen dieses Herrn.
  ⇒ Er weiß ihn.
- A : Kennen Sie das Buch?
  B : Ja, ich habe es gelesen.
- Der Diktator kannte kein Mitleid. ⇒ Er war ohne Mitleid.

klingen	**klang**	**hat geklungen**	소리나다

- Die Glocken klingen voll.
  ⇒ Sie haben einen guten Ton.
- Der Name klingt italienisch.
  = Es scheint ein italienischer Name zu sein.

kneifen	**kniff**	**hat gekniffen**	꼬집다

- Ich kneife ihn in den Arm. = Ich zwicke ihn.
- Er kniff mir in den Arm.
- Er hat gekniffen. = Es ist einer Sache feige ausgewichen.

kommen	**kam**	**ist gekommen**	오다

- Der Präsident kommt nach Berlin.
- Unser Besuch kam zum Tee.
- Ein Brief vom Onkel ist gekommen.
- Die Nacht kommt.
- Die Tränen kamen mir. ⇒ Ich musste weinen.
- Das habe ich kommen sehen. ⇒ Das habe ich erwartet.
- Der Hut kam auf 50 Euro. ⇒ Er kostete so viel.
- Der Lehrer kommt aufs Dorf. ⇒ Er wird versetzt.
- A : Woher kommst du? B : Ich komme aus Berlin.
- A : Wann kommt er nach Hause? B : Er kommt gegen 7.
- Mein Junge kommt Ostern in die Schule.
- Die Flüchtlinge kamen in Not.
- Der Reisende kam viel unter die Leute. ⇒ Er traf viele Leute.
- Das Geschäft kam unter den Hammer. = Es wurde versteigert.
- Der Hund kam auf die richtige Spur. = Er fand sie.
- Ich kann nicht auf seinen Namen kommen.
  = Er fällt mir nicht ein.
- Wir kamen auf die Poltik zu sprechen.
  ⇒ Wir sprachen auch darüber.

- Der Wunsch, dir zu helfen, kommt mir aus dem Herzen.
- Seine Krankheit kam vom vielen Trinken.
  ⇒ Das Trinken war der Grund.
- Der Radfahrer ist ums Leben gekommen.
  ⇒ Er starb durch einen Unfall.
- Sie ist durch eine Erbschaft zu Geld gekommen.
  ⇒ Sie hat jetzt Geld.

können	**konnte**	**hat gekonnt**	~할 수 있다

- A : Kannst du mir den Weg zeigen? B : Nein, er kann es vielleicht.
- Der Boxer hat nicht mehr gekonnt.
  ⇒ Sein Kräfte waren zu Ende.
- Der Kranke hat nicht aufstehen können.
  ⇒ Er war dazu nicht imstande.

laden (du lädst)	**lud**	**hat geladen**	화물을 싣다

- Wir haben das Auto noch nicht geladen.
- Die Autobatterie wird geladen.
  = Sie wird mit Strom aufgeladen.
- Mein Nachbar ist auf mich geladen. = Er ist wütend auf mich.
- Herr Schneider ist als Zeuge geladen.
  = Er muss als Zeuge vor Gericht erscheinen.
- Der Lehrer lädt eine schwere Verantwortung auf sich.
  ⇒ Er übernimmt sie.

lassen (du lässt)	**ließ**	**hat gelassen**	~을 하게하다

- Lass das doch!
  = Hör damit auf.
  = Bitte, nicht tun.
- Dieser Mann hat viel Geld im Spielkasino gelassen.
- Ich habe meinen Schirm zu Hause gelassen.
- Lass den Jungen in Ruhe! = Bitte ihn nicht stören.
- Der Vater lässt den Sohn studieren.
- Lass mal sehen. ⇒ Zeig mal her.
- Ich habe mir die Haare schneiden lassen.
- Das lässt sich machen. ⇒ Das ist möglich.

laufen (du läufst)	**lief**	**ist/hat gelaufen**	달리다

- A : Wie groß ist Dein kleiner Sohn?
  B : Er kann schon laufen.
- A : Oh, und was macht die große Tochter gern?
  B : Sie läuft gern Schlittschuh.
- Das Regenwasser läuft/fließt aus der Rinne.
- Das Gebirge läuft nach Norden.
  = Es erstreckt sich nach Norden.
- Der Vertrag des Angestellten läuft noch ein Jahr.
  ⇒ Er gilt noch ein Jahr.
- Er hat die 5 Km Strecke/Marathon gelaufen.

leiden	**litt**	**hat gelitten**	시달리다

- Ich leide häufig an Zahnschmerzen. ⇒ Ich habe sie oft.
- Sie hat in ihrem Leben viel gelitten.
- Viele Menschen leiden unter der Hitze. ⇒ Sie ertragen sie schwer.
- Ich kann diesen Menschen nicht leiden. = Ich mag ihn gar nicht.

leihen	**lieh**	**hat geliehen**	빌리다

- Ich leihe dir mein Fahrrad.
  = Ich gebe es dir für eine Zeit.
- Ich habe ihm mein Fahrrad geliehen.

lesen (du liest)	**las**	**hat gelesen**	읽다

- Er liest ein Buch von Thomas Mann.
- Der Professor liest Mittwoch und Freitag.
  ⇒ Er hält seine Vorlesung.
- Mein Freund hat dieses Buch gelesen.

liegen	**lag**	**hat gelegen**	누워(놓여) 있다

- Der Wein liegt im Keller. ⇒ Er ist dort.
- Hamburg liegt an der Elbe.
- Der Student lässt die Arbeit liegen. ⇒ Er arbeitet nicht mehr daran.
- Es liegt nicht an mir. = Ich habe keinen Einfluss auf die Sache.
- Die Schuld liegt bei ihm. ⇒ Er ist schuldig.

meiden	**mied**	**hat gemieden**	피하다

- Die beiden meiden sich.
  = Sie gehen sich aus dem Weg.
- Wir meiden uns.
  = Wir gehen uns aus dem Weg.

messen (du misst)	**maß**	**hat gemessen**	재다

- Am Morgen wurden schon 20°C gemessen.
- Flüssigkeit misst man nach Litern.
- Er misst 1.5 m.
- Das Grundstück misst 600 m
- Die Jungen messen ihre Kräfte. ⇒ Sie vergleichen sie im Kampf.

mögen	**mochte**	**hat gemocht**	~하고 싶다

- Die Kinder mögen Pizza.
- Meine Mutter hat Inge nicht gemocht. = Sie war ihr unsympathisch.
- Er hat nicht kommen mögen. = Er hat keine Lust zu kommen.
- Ich mag es ihm nicht sagen.
- Er mag damals dreißig gewesen sein. = Er war vielleicht 30.

müssen	**musste**	**hat gemusst**	~해야 한다

- Alle Menschen müssen sterben.
- Sie muss bald kommen.

nehmen (du nimmst)	**nahm**	**hat genommen**	잡다, 받다

- Er nimmt das Buch von Tisch.
- A : Nehmen Sie Tee oder Kaffee?
  B : Kaffee, bitte.
- A : Wollen Sie ein Bad nehmen? = Wollen Sie baden?
  B : Ja, sehr gerne.
- Er hat sich das Leben genommen. = Er hat sich selbst getötet.
- Er nimmt seine Schwester zu sich. ⇒ Sie kann bei ihm wohnen.
- Der Vater nahm die Verantwortung auf sich. = Er trug die Verantwortung.
- Er nimmt die Sache zu ernst. ⇒ Er macht sich zu viele Gedanken darüber.

nennen	**nannte**	**hat genannt**	명명하다

- A : Nennen Sie bitte Ihren Namen. = Sagen Sie bitte Ihren Namen.
  B : Müller, HansPeter Müller.
- Er wurde 'Johann' genannt, nach seinem Großvater.
- Er nannte ihn einen Dummkopf.
  ⇒ Er sagte, er sei ein Dummkopf.

raten (du rätst)	**riet**	**hat geraten**	조언하다

- Rate mal, was die Wohnung gekostet hat.
  = Schätze den Preis.
- Mein Freund riet mir, zum Arzt zu gehen.
  ⇒ Er sagte, ich sollte das tun.

reißen	**riss**	**hat/ist gerissen**	찢(어지)다

- Der Löwe hat ein Tier gerissen.
  ⇒ Er hat es getötet.
- Die Kette ist gerissen. = Sie ist zerbrochen.
- Ich reiße mich nicht um diese Arbeit.
  = Ich will sie nicht unbedingt machen.

rennen	**rannte**	**ist gerannt**	질주하다

- Er ist die ganze Strecke gerannt.
- Er rannte gegen die Mauer.
  = Er stieß im Lauf gegen die Mauer.

rufen	**rief**	**hat gerufen**	부르다

- Ich rufe das Kind. ⇒ Das Kind soll kommen.
- Sie ruft den Arzt. ⇒ Sie möchte, dass er kommt.
- Ich rufe nach meiner Mutter. = Ich rufe sie.

schaffen	**schuf**	**hat geschaffen**	만들다

- Die Stadt hat viele Kinderspielplätze geschaffen.
  ⇒ Sie hat sie angelegt.
- Am Anfang schuf Gott Himmel und Erde.
  ⇒ Er macht sie aus dem Nichts.

scheiden	schied	hat/ist geschieden	분리하다

- Das Gericht hat die Ehe geschieden. ⇒ Es trennte sie.
- Ich scheide aus dem Amt. = Ich verlasse es.
- Unsere Wege scheiden sich. = Sie gehen auseinander.
- Ich bin schuldig/unschuldig geschieden.

schieben	schob	hat geschoben	밀다

- Wir haben den Schrank zu weit in die Ecke geschoben.
- Der Junge schob die Handwagen.
  ⇒ Er bewegte ihn nach vorn.

schießen	schoss	hat/ist geschossen	쏘다

- Mein Bruder kann gut schießen. ⇒ Er trifft das Ziel.
- Der Weizen schießt aus der Erde. ⇒ Er wächst sehr schnell.
- Der Gedanke schoß ihm durch den Kopf. = Er kam ihm plötzlich.
- Mein Sohn ist im letzten Jahr in die Höhe geschossen.
  = Er ist sehr gewachsen.

schlafen (du schläfst)	schlief	hat geschlafen	자다

- Schlaf gut. = Hab(e) eine gute Nacht.
- Ich schlafe gern lange im Winter.
- Nur 5 Stunden hat meine Schwester geschlafen.

schlagen (du schlägst)	schlug	hat geschlagen	때리다

- Er schlug mit dem Hammer den Nagel in die Wand.
  ⇒ Er macht ihn fest.
- Die Wellen schlagen an das Ufer. = Sie brechen sich am Strand.
- Die Köchin schlägt Schlagsahne. = Sie macht Schlagsahne.
- Mein Vater schlug die Trommel. = Er trommelte.
- Die Gläubigen schlagen ein Kreuz. = Sie bekreuzigen sich.
- Der Verkäufer schlug die Unkosten auf den Preis.
  = Er erhöhte den Preis um die Unkosten.
- Der Kaufmann schlägt aus der Sache Kapital.
  ⇒ Er zieht Nutzen daraus.

schließen	schloss	hat geschlossen	닫다

- Schließ die Tür. ⇒ Mache die Tür zu.
- Er schloss seine Rede. = Er beendete sie.
- Die Mutter hat die Tochter in die Arme geschlossen.
  = Sie hat sie umarmt.

schmelzen (du schmilzt)	schmolz	ist /hat geschmolzen	녹다

- Der Schnee schmilzt.
  ⇒ Er wird (durch Wärme) zu Wasser.
- Der Schnee ist in der Sonne geschmolzen.
  = Die Sonne lässt den Schnee schmelzen.
- Die Arbeiter haben im Hochofen das Eisen geschmolzen.
  = Sie haben es flüssig gemacht.

schneiden	schnitt	hat geschnitten	자르다

- Die Schere schneidet gut.
  ⇒ Sie ist scharf.
- Der Friseur hat mein Haar geschnitten.
  = Er hat es gekürzt.
- Ich habe mich geschnitten.
  = Ich habe mich (mit dem Messer) verletzt.
- Die Wege schneiden sich.
  = Die Wege kreuzen sich.

schreiben	schrieb	hat geschrieben	(글을) 쓰다

- Der Schüler schreibt die neuen Wörter in sein Heft.
  ⇒ Er trägt sie ein.
- Ich habe gestern meiner Mutter einen Brief geschrieben.
- Wilhelm schreibt an diese Firma.
  ⇒ Die Firma bekommt den Brief.
- Der Dichter schrieb einen Roman.
  = Er verfasste ihn.

schreien	schrie	hat geschrien	외치다

- Die Frau hat laut geschrien. ⇒ Sie ruft sehr laut.
- Das Baby schrie vor Hunger.

schreiten	schritt	ist geschritten	~로 가다

- Die Leute sind über den Platz geschritten.
  = Sie sind langsam und feierlich gegangen.
- Er schreitet von Entdeckung zu Entdeckung.
- Wir schreiten zur Abstimmung. = Wir beginnen jetzt damit.

schwellen (du schwillst)	schwoll	ist geschwollen	부풀다

- Meine Füße schwollen nach der langen Wanderung.
  ⇒ Sie wurden dick.
- Die Mandeln des Kindes sind geschwollen.
  = Sie sind groß und entzündet.

schwimmen	schwamm	hat/ist geschwommen	헤엄치다

- Der Junge kann gut schwimmen. ⇒ Er schwimmt sehr gut.
- Der Fußboden schwimmt. = Er ist sehr nass.
- Er ist durch die Elbe geschwommen. = Er hat sie durchquert.
- Die Frau schwamm in Tränen. = Sie weinte sehr.
- Es schwimmt mir vor den Augen. = Ich kann nicht klar sehen.

schwingen	schwang	hat geschwungen	흔들다

- Das Pendel schwingt hin und her. ⇒ Es bewegt sich.
- Er hat grüßend den Hut geschwungen.
- Der Reiter schwang sich in den Sattel.
- Der Vogel schwingt sich in die Luft.

sehen (du siehst)	sah	hat gesehen	보다

- A : Siehst du das Verkehrsschild?
  B : Wo denn? Ich habe es nicht gesehen.
- A : Wann sehen wir uns?
  B : In 2 Stunden.
- Ich habe gestern einen Film gesehen.
- Der Vater hat das Unglück kommen sehen.
  ⇒ Das hat er schon erwartet.
- Ich will sie nicht mehr sehen.
  ⇒ Ich möchte nichts von ihr wissen.

senden (sendet)	**sandte**	**hat gesandt**	보내다

(**stark** ⇒ schicken)
- Die Firma hat das Paket mit der Post gesandt.

(**schwach** ⇒ vom Rundfunk übertragen)
- Der Rundfunk hat ein Konzert gesendet.

singen	**sang**	**hat gesungen**	노래하다

- Sie singt ein Lied zum Klavier.
- Wir singen im Chor.
- Meine Mutter singt ein Kind in den Schlaf.
- Die Melodie singt sich leicht.
  ⇒ Man kann sie leicht merken.

sinken	**sank**	**ist gesunken**	가라앉다

- Das Flugzeug sinkt allmählich. ⇒ Es landet.
- Langsam sinken die Blätter zur Erde. ⇒ Sie fallen.
- Das Schiff sinkt. = Es geht unter.
- Die Preise sind gesunken.
  = Die Waren wurden billiger.
- Sein Einfluss ist gesunken.
  ⇒ Er wurde geringer.

sitzen	**saß**	**hat gessesen**	앉아있다

- Der Vogel sitzt auf dem Ast.
- Die Katze sitzt auf der Parkbank.
- Die schöne Frau hat in der Sonne gesessen.
  ⇒ Sie sonnte sich.
- Das Kleid sitzt nicht. = Es passt nicht.
- Die Germanen saßen an beiden Ufern des Rheins.
  ⇒ Sie waren dort ansässig./ Sie hatten dort ihren Wohnsitz.
- Der Reiche sitzt auf seinem Geld.
  ⇒ Er ist geizig.

sollen	**sollte**	**hat gesollt**	~해야 한다

- Ich soll ein Medikament nehmen.
- Er soll fleißig lernen.

sprechen (du sprichst)	sprach	hat gesprochen	말하다

- Das Kind spricht die ersten Worte.
- Dieser Ausländer spricht fließend Deutsch.
- Du sprichst mir aus dem Herzen.
- Die Beweise sprechen für die Unschuld des Angeklagten.
  ⇒ Sie deuten auf seine Unschuld hin.
- Er sprach über seine Studienpläne. ⇒ Er berichtete darüber.

springen	sprang	ist/hat gesprungen	뛰어오르다

- Die Katze ist auf den Tisch gesprungen.
- Der Junge sprang aus dem Bett.
  = Er verließ es schnell.
  = Er fährt plötzlich auf.
- Jeder darf dreimal springen.
- Er ist 6 m gesprungen.
- Er hat einen neuen Rekord gesprungen.
- Die Flammen sprangen von Haus zu Haus.

stechen (du stichst)	stach	hat gestochen	찌르다

- Das Wollzeug stach mich/ihn auf die Haut.
- Mich hat eine Biene gestochen.
  ⇒ Ihr Stachel sitzt in meiner Haut.
- Das Insekt hatte ihm(ihn) ins Bein gestochen.
- Er sticht Löcher in das Leder. ⇒ Er macht sie.

stehen	stand	hat/ist gestanden	서 있다

- Ich musste stehen, weil kein Stuhl frei war.
- Sie stand, während er saß.
- Das Kleid hat der Dame gut gestanden = Es steht ihr gut.
- Die Sterne stehen am Himmel. ⇒ Sie befinden sich dort.
- Die Uhr steht. = Sie geht nicht.
- Es stand in der Zeitung. ⇒ Man konnte es dort lesen.
- Wir haben Schlange gestanden.
  = Wir warteten in einer Reihe hintereinander.
- Er stand in dem Verdacht, der Dieb zu sein.
  = Man hatte einen Verdacht gegen ihn.

- Ich stehe mit einem Koreaner in Briefwechsel. ⇒ Wir schreiben uns.
- Ich tue, was in meinen Kräften steht. = Ich tue alles, was ich kann.
- Ich stehe Dir zur Verfügung.
  = Ich habe Zeit für Dich.
  = Ich bin bereit, Dir zu helfen.
- Der junge Man steht schon auf eigenen Füßen.
  = Er verdient sich selbst, was er braucht.
- Meine Schwester steht sich gut. = Sie hat ein gutes Einkommen.
- Mit meinen Nachbarn stehe ich mich gut.
  ⇒ Wir verstehen uns gut./ Wir haben keinen Streit.
- Das Kind ist in der Entwicklung stehengeblieben.

stehlen (du stiehlst)	**stahl**	**hat gestohlen**	훔치다

- Das Mädchen hat den Ring gestohlen.
  ⇒ Sie ist eine Diebin.
- Der Komponist hat einem anderen ein Motiv gestohlen.
  ⇒ Er hat abgeschrieben.
  ⇒ Er plagiiert es.
- Er kann mir gestohlen bleiben.

steigen	**stieg**	**ist gestiegen**	올라가다

- Das Flugzeug steigt. = Es hebt sich in die Luft.
- Die Preise sind gestiegen. = Sie wurden höher.
- Der Maler steigt auf die Leiter. = Er klettert hinauf.

sterben (du stirbst)	**starb**	**ist gestorben**	죽다

- Goethe ist 1832 gestorben.
- Der Lehrer ist gestern gestorben.
- Der junge Mann ist an Krebs gestorben.
  ⇒ Die Krankheit war der Grund.
- Der junge Mann ist durch Gift gestorben.
  = Er wurde vergiftet.
- Der junge Mann stirbt vor Neugier.
  ⇒ Er ist sehr neugierig.
- Während des Vortrags bin ich vor Langeweile fast gestorben.
  ⇒ Da langweilte ich mich sehr.

stoßen (du stößt)	stieß	hat/ist gestoßen	마주/밀치다

- Die Arbeiter stoßen Holzpfähle in die Erde.
  = Sie rammen sie ein.
- Der Boxer hat dem Gegner die Faust in den Magen gestoßen.
  ⇒ Er traf ihn hart.
- Beim Bohren ist man auf Öl gestoßen.
  = Man hat Öl gefunden.
- Die Expedition ist auf Schwierigkeiten gestoßen.
  ⇒ Schwierigkeiten sind entstanden.

streichen	strich	hat gestrichen	칠하다, 치우다

- Der Maler streicht die Tür. = Er bedeckt sie mit Farbe.
- Die Mutter streicht Butter auf das Brot.
  = Sie macht ein Butterbrot.
- Das Mädchen streicht die Haare aus dem Gesicht.
  ⇒ Sie schiebt sie zurück.

streiten	stritt	hat gestritten	다투다

- Die Geschwister stritten den ganzen Tag.
  ⇒ Sie waren immer verschiedener Meinung.
- Sie stritten sich mit der Gegenpartei.
  ⇒ Sie diskutierten heftig.
- Die Verwandten stritten sich um das Erbe. ⇒ Sie kämpften darum.
- Darüber lässt sich streiten. ⇒ Man kann verschiedene Meinungen haben.

tragen (du trägst)	trug	hat getragen	나르다

- Die vielen kleinen Pakete tragen sich schlecht.
  ⇒ Man kann sie schlecht transportieren.
- Die Mutter trägt das Baby auf dem Arm. = Sie hat das Baby im Arm.
- Sie tragen die Kiste in den Keller. ⇒ Sie bringen sie dorthin.
- Die Dame trug einen weißen Hut und weiße Schuhe.
  ⇒ Sie hatte weiße Schuhe an und einen weißen Hut auf.
- Der Professor trägt eine Brille. = Er hatte eine Brille auf.
- Das neue Kostüm trägt sich gut.
  ⇒ Es ist aus einem guten Stoff und hält gut.

treffen (du triffst)	**traf**	**hat getroffen**	만나/맞히다

- Wir haben uns gestern vor dem Kino getroffen.
  ⇒ Unser Treffpunkt war das Kino./ Wir sind uns dort begegnet.
- Wir haben auf dem Spaziergang niemanden getroffen.
- Er trifft seinen Freund mit der Faust ins Auge.
- Der Jäger hat das Reh getroffen.
  ⇒ Er hat es getötet.
  ⇒ Er verletzte es.
- Sein Tod traf mich schwer. ⇒ Es tat mir weh.

treiben	**trieb**	**hat getrieben**	몰다

- Der Hirt treibt die Schafe auf die Weide.
  ⇒ Er bringt sie dorthin.
- Der Bach treibt die Mühle.
  ⇒ Er bewegt das Mühlrad.
- Ich treibe viel Sport.
- Diese Firma treibt mit Europa Handel.
- Die Knospen treiben. = Sie werden groß.

treten (du trittst)	**trat**	**ist/hat getreten**	밟다/가다

- Die Frau ist an das Schaufenster getreten.
  ⇒ Sie stellte sich dorthin.
- Wir treten zur Seite.
  ⇒ Wir machen Platz.
- Der Fluß ist über die Ufer getreten.
  = Er überschwemmt das Land.
- Die Kinder haben einen Weg durch den Schnee getreten.
  ⇒ Sie machten einen Weg.

trinken	**trank**	**hat getrunken**	마시다

- Das Kind trinkt Milch.
- Ich habe gestern eine Tasse Tee getrunken.
- Der Wein läßt sich trinken. ⇒ Er ist (noch) gut.
- Ich trinke auf Ihre Gesundheit.
  ⇒ Ich trinke Ihnen zu und wünsche gute Gesundheit.

tun	tat	hat getan	행하다

- A : Was kann ich für Sie tun?
  B : Danke, es hat sich schon erledigt.
- A : Ich habe eine Vier in Mathe.
  B : Oh, es tut mir leid. = Ich bedaure es.
- Die Arbeiter haben getan, was in ihren Kräften stand.
  ⇒ Sie machten, was sie konnten.
- Der Hund tut Dir nichts.
- Der Schüler tut seine Bücher in die Mappe.
  ⇒ Er legt sie da hinein.
- Ich kann nicht zum Baden gehen, ich habe viel zu tun.
  ⇒ Ich habe viel Arbeit.
- Er will mit der Sache nichts zu tun haben.
  = Er möchte nicht hineingezogen werden.

verderben (du verdirbst)	**verdarb**	**hat/ist verdorben**	상하다

- Das Fleisch ist verdorben.
  = Es ist schlecht geworden.
- Der viele Regen verdirbt das Heu.
  ⇒ Er macht es schlecht.
- Seine schlechte Laune verdarb mir den ganzen Abend.
  ⇒ Der Abend war nicht schön, weil der Mann schlechte Laune hatte.
- Daran ist nichts mehr zu verderben,
  = Da kann man nichts mehr schlecht machen.
- Durch Lesen bei schlechtem Licht verdirbt man sich die Augen.
  ⇒ Dadurch bekommt man schlechte Augen.

vergessen (du vergisst)	**vergaß**	**hat vergessen**	잊다

- Ich habe mein Buch vergessen.
  ⇒ Ich habe es nicht mitgenommen.
  ⇒ Ich habe es zu Hause gelassen.
- Vergiss mich nicht. = Denke immer an mich.

verlieren	verlor	hat verloren	잃다

- Ich habe meine Handschuhe verloren.
  = Sie sind weg, und ich finde sie nicht mehr.
- Die Verkäuferin verlor ihre Stellung.
  = Sie wurde arbeitslos.
- Das Kind hat seine Eltern verloren. ⇒ Sie sind gestorben.
- Unser Klub hat das Turnier verloren. ⇒ Wir wurden besiegt.
- Der Kaufmann verlor den Prozess. ⇒ Das Gericht entschied gegen ihn.
- Der Rentner hat allen Mut verloren. ⇒ Er ist mutlos.

wachsen (du wächst)	**wuchs**	**ist gewachsen**	자라다

- Der Baum wächst. = Er wird größer.
- Unkraut ist üppig gewachsen.
- Das Kind ist inzwischen vier Zentimeter gewachsen.
- Mein Sohn ist mir über den Kopf gewachsen.
  ⇒ Er ist jetzt größer als ich.
  ⇒ Er lässt sich nichts mehr sagen.
- Das Kind ist mir ans Herz gewachsen. ⇒ Ich habe das Kind lieb.

waschen (du wäschst)	**wusch**	**hat gewaschen**	씻다

- Wasch Dir die Hände. = Mache sie sauber.
- Sie wäscht ihr Auto jede Woche.
- Die alte Frau wäscht sich mit warmen Wasser.
- Eine Hand wäscht die andere.
  ⇒ Wenn du mir hilfst, dann helfe ich dir.

weichen	wich	ist gewichen	양보하다

- Der Feind weicht. = Er geht zurück.
- Der Wald musste dem Erweiterungsbau der Fabrik weichen.
- Das Blut war aus ihrem Gesicht gewichen.
  ⇒ Das Gesicht wurde blass.

weisen	wies	hat gewiesen	가르키다

- Der Polizist wies mir den Weg. = Er zeigte ihn mir.
- Die Magnetnadel weist nach Norden.

wenden	**wandte**	**hat gewandt**	돌리다

(**stark** ⇒ hinschauen, hingehen, sich bessern)

- Das Kind wandte/wendete seine Augen zum Geschenktisch.
  ⇒ Es schaute dorthin.
- Er wandte/wendete seine Schritte zum Friedhof.
  ⇒ Er ging dorthin.
- Die Lage des Landes hat sich zum Guten gewandt/gewendet.
  = Sie hat sich gebessert.

(**schwach** ⇒ umdrehen, ändern)

- Der Bauer wendete das Heu auf der Wiese.
  ⇒ Er drehte es um.
- Das Heu muss gewendet werden.
- Das Schiff hat gewendet.
  = Es fährt zurück.
  = Es drehte um.
- Das Wetter wendete sich. = Es änderte sich.

werben (du wirbst)	**warb**	**hat geworben**	구(광고)하다

- Die Partei wirbt Mitglieder.
  ⇒ Sie macht etwas, um mehr Mitglieder zu bekommen.
- Er wirbt schon lange um diese Frau.
  = Er will sie heiraten.
  = Er will sie gewinnen.

werden (du wirst)	**wurde**	**ist geworden**	되다

- Sie wird bald Mutter.
  ⇒ Sie ist schwanger.
  ⇒ Sie erwartet ein Baby.
- Müllers Sohn wird Seemann. ⇒ Er erlernt diesen Beruf.
- Milch wurde schlecht. = Sie verdarb.
- Mir wird schlecht. = Ich fühle mich plötzlich nicht gut.
- Es wird bald Sommer. = Der Sommer kommt.
- Das Wetter wird besser. = Es bessert sich.
- Der Kaufmann ist schnell reich geworden.
  ⇒ Er kam schnell zu Geld.

werfen (du wirfst)	warf	hat geworfen	던지다

- Das Kind wirft einen Stein.
- Er hat Weltrekord geworfen.
  ⟹ Im Werfen ist er sehr erfolgreich.
- Die Katze wirft Junge. = Sie bekommt Junge.

wiegen	wog	hat gewogen	무게가...이다

- Das Paket wiegt 5 Kilo.
- Ich wog das Fleisch.
  ⟹ Ich stelle das Gewicht fest.
- Sein Wort wiegt schwer.
  ⟹ Er ist einflussreich.

winden	wand	hat gewunden	(휘어)감다

- Sie windet ein Band um das Buch.
- Die Blumenbinderin windet Blumen zu einem Kranz.
  ⟹ Sie macht einen Kranz.
- Der Fluß windet sich durch die Wiesen. ⟹ Er fließt nicht gerade.

wissen	wusste	hat gewusst	알다

- A : Wissen Sie, wann der Zug aus Hamburg ankommt?
  B : Ich weiß nicht, ob er überhaupt hier anhält.
- Alle Welt weiß, dass er lügt. ⟹ Er ist als Lügner bekannt.
- Ich wusste, dass er kommt.
  ⟹ Es war mir klar.
  ⟹ Ich ahnte es.
- Der Junge weiß, was er will. ⟹ Er hat ein bestimmtes Ziel.
- Der Arzt weiß ein Mittel gegen die Krankheit. ⟹ Er kennt es.
- Die Mutter wusste immer Rat. = Sie konnte immer helfen.
- Er weiß zu schweigen. = Er kann schweigen.

wollen	wollte	hat gewollt	원하다

- Sie wollen nach Rom fliegen.
- Tanja will nichts mehr von dir.
- Er will uns morgen besuchen.
- Ich habe sowieso nichts von dir gewollt.

ziehen	zog	ist/hat gezogen	이동하(끌)다

- Die Schwalben sind nach Süden gezogen.
- Die Vögel ziehen in den Süden.
  ⇒ Sie fliegen dorthin.
- Ich ziehe nach Berlin.
  ⇒ Ich nehme mir dort eine Wohnung.
- Der Rauch zieht aus dem Schornstein.
  ⇒ Er steigt auf.
- Das Pferd zieht den Wagen.
- Die Pflanze zieht ihre Nahrung aus dem Boden.
- Wir zogen das Unkraut aus dem Boden.
  ⇒ Wir holten es heraus.
- Der Kaufmann hat einen großen Gewinn aus dem Geschäft gezogen.
  ⇒ Er verdiente daran viel.
- Das Mädchen hat den Ring vom Finger gezogen.
- Sie hat ihn ins andere Zimmer gezogen.
- Der Zahnarzt zog mir zwei Zähne.
- Ich zog ihn ins Vertrauen.
  ⇒ Ich sagte ihm ein Geheimnis.
- Gummi kann man ziehen/dehnen.
- Der Schüler zieht Linien in sein Heft.
  ⇒ Er zeichnet sie.
- Die Alpen ziehen sich von Osten nach Westen.
  ⇒ Sie erstrecken sich in dieser Richtung.
- Der Tee muss ziehen.
  ⇒ Er muss lang genug im Wasser stehen,
  damit das Wasser die Teeblätter aussaugt.

zwingen	zwang	hat gezwungen	강요하다

- Er hat mich zur Arbeit gezwungen.
- Ich zwinge ihn zur Arbeit. ⇒ Ich dringe darauf, dass er arbeitet.
- Die Geldnot zwingt ihn zu arbeiten.
  ⇒ Er muss arbeiten.
- Man hat ihn gezwungen, die Wahrheit zu sagen.
  ⇒ Er wollte es nicht, aber er musste.
- Ich lasse mich zu nichts zwingen.

여종문

전북 군산에서 태어나 대한민국/영국/독일에서 공부하고, 독일정부의 지원을 받아 학-석사(독어학/영어학), 박사(독어학) 과정을 거쳤다. 독일의 모교인 하노버대학교 독어독문학과 강사를 거쳐 지금은 대한민국 모교인 전북대학교 인문대학 독일학과 교수로 일하고 있다.

〈저서〉
Deutsche Phonologie und Morphologie als Problem für Koreaner. 2005. Hamburg
Textpragmatik, Textfunktion, Textanalyse. 2003. Frankfurt a. M.

〈논문〉
Überlegungen zur linguistischen Textanalyse,
Das Analysemodell für Gebrauchstexte,
Die "-er-Plurale" im Deutschen,
Zur Funktion des deutschen Verbs 'werden', etc.

독일어 화용개요

Kurzdarstellung des deutschen
Sprachgebrauchs

초판 1쇄 발행 _ 2019년 12월 30일

저　　자 · 여 종 문
발 행 인 · 정 현 걸
발　　행 · 신 아 사
인　　쇄 · 대명프린팅
출판등록 · 1956년 1월 5일 (제9–52호)
주　　소 · 서울특별시 은평구 통일로59길 4 (2F)
전　　화 · 02)382–6411 · 팩스 02)382–6401
홈페이지 · www.shinasa.co.kr
E–MAIL · shinasa@daum.net

ISBN 978–89–8396–384–0(93750)

정가 13,000원